PLATON

Apologie des Sokrates

Kriton

ÜBERSETZUNG, ANMERKUNGEN
UND NACHWORT
VON MANFRED FUHRMANN

PHILIPP RECLAM JUN. STUTTGART

Universal-Bibliothek Nr. 895
Alle Rechte vorbehalten
© 1987 Philipp Reclam jun. GmbH & Co., Stuttgart
Gesamtherstellung: Reclam, Ditzingen. Printed in Germany 1994
RECLAM und UNIVERSAL-BIBLIOTHEK sind eingetragene
Warenzeichen der Philipp Reclam jun. GmbH & Co., Stuttgart
ISBN 3-15-000895-6

Apologie des Sokrates

1. [17a] Welche Wirkung, Männer von Athen, meine Ankläger auf euch ausgeübt haben, weiß ich nicht. Denn ich selbst hätte unter ihrem Eindruck beinahe mich selbst vergessen, so bestechend sprachen sie. Indes, die Wahrheit haben sie eigentlich keinen Augenblick gesagt. Doch am meisten hat mich von all den Lügen, die sie vorbrachten, die in Erstaunen versetzt, daß sie meinten, ihr solltet euch in acht nehmen und euch nicht von mir täuschen lassen: ich sei ein gefährlicher [b] Redner. Denn sich nicht zu schämen, daß sie sofort durch die Tatsachen von mir widerlegt werden – wenn sich nämlich herausstellt, daß ich nicht ein bißchen gefährlich bin –, das schien mir ihre größte Unverschämtheit zu sein, es sei denn, sie nennen den einen gefährlichen Redner, der die Wahrheit sagt. Denn wenn sie das meinen, dann bin ich bereit, zuzugeben, daß ich – wenn auch nicht nach ihren Begriffen – ein Meister der Rede bin.

Sie haben also, wie ich meine, so gut wie kein wahres Wort gesagt, von mir aber bekommt ihr jetzt die ganze Wahrheit zu hören – nicht, bei Gott, ihr Männer von Athen, mit schönen Reden, die, wie die von denen dort, mit kunstvoll gedrechselten Worten und Wendungen [c] aufwarten; ihr bekommt vielmehr zu hören, was mir gerade einfällt, in ungesuchten Ausdrücken (ich bin nämlich überzeugt, daß ich in der Sache recht habe), und niemand von euch möge etwas anderes von mir erwarten. Es nähme sich ja auch seltsam aus, Männer, wenn jemand in meinem Alter, als wäre er ein Knabe, mit Künsteleien vor euch träte.

Denn allerdings, ihr Männer von Athen, das möchte ich mir mit Nachdruck ausbitten: wenn ihr hört, daß ich mich mit ähnlichen Ausdrücken verteidige, wie ich sie auf dem Markt bei den Wechslertischen (wo viele von euch mir zugehört haben) oder sonstwo zu gebrauchen pflege, dann [d] wundert euch nicht und werdet deswegen nicht unruhig. Das erklärt sich nämlich so. Ich bin heute zum ersten Male vor Gericht erschienen, mit siebzig Jahren; die hier übliche Redeweise ist mir daher völlig fremd. Wie ihr nun, gesetzt, ich käme wirklich aus der Fremde, Verständnis für mich hättet, wenn ich in der Mundart spräche, [18a] die ich gewohnt bin, so halte ich's auch jetzt für recht und billig, euch zu bitten, von meiner Redeweise abzusehen (vielleicht ist sie schlechter, vielleicht besser als die übliche) und statt dessen mit ganzer Aufmerksamkeit darauf zu achten, ob ich recht habe oder nicht. Denn das ist des Richters Amt, wie es das des Redners ist, die Wahrheit zu sagen.

2. An erster Stelle muß ich jetzt, ihr Männer von Athen, die ersten falschen Anklagen, die gegen mich vorgebracht worden sind, zu widerlegen suchen, und die ersten Ankläger, und dann erst die späteren Anklagen und die [b] späteren Ankläger. Gegen mich sind nämlich zahlreiche Ankläger bei euch am Werke, die – und das schon seit langen Jahren – kein wahres Wort zu sagen wissen: die fürchte ich mehr als die Clique des Anytos, so gefährlich auch sie ist. Doch die anderen sind noch gefährlicher, ihr Männer: sie liegen den meisten von euch seit früher Jugend in den Ohren, sie haben auf euch eingewirkt oder richtiger mit lauter Unwahrheiten Stimmung gegen mich gemacht: da sei ein gewisser Sokrates, ein weiser Mann, der über die Himmelserscheinungen nachdenke und alles Unterirdische erforsche und die schwächere Rede zur stärkeren mache[1]. *Die* Leute, ihr Männer von Athen, die [c] diese Behauptungen verbreiten, sind meine wirklich gefährlichen Ankläger; denn wer das hört, nimmt an, daß jemand, der diese Dinge erforscht, an die Existenz von Göttern nicht glauben kann. Dazu kommt, daß diese Ankläger zahlreich und schon seit langer Zeit am Werke sind; außerdem wart ihr ihren Reden in einem Alter ausgesetzt, in dem es besonders leicht war, euch zu beeinflussen, da einige von euch noch Kinder oder junge Burschen waren, und sie erhoben ihre Anklagen gegen einen Abwesenden und ohne daß je ein Verteidiger auftrat. Und das Verrückteste an alledem ist, daß man nicht einmal ihre Namen in Erfahrung bringen und nennen kann – [d] es sei denn, jemand ist zufällig Komödienschreiber.[2] Wer gar aus Neid und Schmähsucht auf euch eingewirkt hat, Leute, die aus eigener Überzeugung andere zu überzeugen suchen: denen allen ist am schwersten beizukommen. Man kann ja keinen von ihnen hier auftreten lassen, um ihn zu widerlegen, sondern muß sich bei seiner Verteidigung gewissermaßen auf ein Schattenboxen einlassen und hat bei der Widerlegung niemanden, der einem Rede und Antwort steht. Nehmt also auch ihr an, daß ich, wie ich behaupte, zwei Arten von Anklägern habe: die einen, die mich jetzt anklagen, und andere – [e] ich habe sie ja erwähnt –, die das schon seit langem tun, und glaubt mir, daß ich mich ihnen gegenüber zuerst verteidigen muß; auch ihr habt ja die Anklagen dieser Leute früher gehört und viel öfter als die der späteren.

Also denn: ich muß mich verteidigen, ihr Männer von Athen, und [19a] versuchen, euch die Vorurteile auszureden, die sich in langer Zeit bei euch festgesetzt haben – und das in so kurzer Zeit. Ich wünschte wohl auch, daß mir das gelänge, wenn es für euch und mich förderlich ist, und daß ich mit meiner Verteidigung etwas erreichte; ich glaube indes, daß es schwierig ist, und ich verhehle mir durchaus nicht, wie es steht. Doch das mag gehen, wie es Gott gefällt; ich muß dem Gesetz gehorchen und mich verteidigen.

3. Sehen wir zu, wie die Sache anfing und wie die Anklage lautet, die meinen schlechten Ruf verursacht hat, so daß Meletos, [b] darauf bauend, die vorliegende Anklageschrift gegen mich einreichen konnte. Also: was sagten meine Verleumder, als sie mich verleumdeten? Denn wie bei richtigen Anklägern sollte man sozusagen ihre Anklageschrift verlesen: »Sokrates handelt rechtswidrig und treibt Unfug, indem er erforscht, was unter der Erde und am Himmel ist, die schwächere Rede zur stärkeren macht und auch andere hierin unterweist.« [c] So etwa hat's geheißen; das konntet ihr selbst in der

Komödie des Aristophanes sehen: wie dort ein gewisser Sokrates hin und her geschwenkt wurde, der da sagte, er spaziere durch die Luft, und der noch manchen anderen Unsinn von sich gab, lauter Dinge, von denen ich rein nichts, weder viel noch wenig, verstehe.[3] Und das sage ich nicht, um derlei Wissenschaft in Mißkredit zu bringen, falls jemand für derartige Dinge Fachmann ist (damit mich Meletos nicht auch mit diesem schweren Vorwurf belangt) – doch ich meinerseits, ihr Männer von Athen, habe damit nichts zu tun. Als Zeugen hierfür [d] kann ich die Mehrzahl von euch beibringen, und ich bitte darum, daß ihr euch gegenseitig unterrichtet und Auskunft gebt, soweit ihr mir bei meinen Gesprächen zugehört habt (das ist ja ein großer Teil von euch) – gebt euch also Auskunft, ob jemand von euch mich je über derlei Dinge sei es kurz, sei es lang hat reden hören; daraus könnt ihr dann folgern, daß es ähnlich auch mit all dem anderen steht, was die Leute von mir reden.

4. Aber weder ist hieran etwas, noch wenn ihr von jemandem gehört haben solltet, daß ich mich anheischig mache, Menschen zu erziehen, und Geld [e] dafür nehme: auch das ist nicht wahr. Allerdings scheint mir auch dies eine schöne Sache zu sein, wenn sich jemand darauf versteht, Menschen zu erziehen, wie z. B. Gorgias aus Leontinoi oder Prodikos aus Keos oder Hippias aus Elis.[4] Von denen ist nämlich jeder in der Lage, ihr Männer, indem er von Stadt zu Stadt zieht, die jungen Leute, denen es doch freisteht, unentgeltlich mit jedem beliebigen Mitbürger Umgang zu pflegen – die überreden sie, den Umgang mit den Mitbürgern [20a] abzubrechen, sich gegen Bezahlung ihnen selbst anzuschließen und ihnen obendrein noch dankbar zu sein.

Da ist übrigens noch jemand, aus Paros, ein weiser Mann, der sich, wie ich hörte, bei uns aufhält. Denn ich traf neulich jemanden, der den Weisheitslehrern mehr Geld gezahlt hat als alle anderen zusammen, Kallias, den Sohn des Hipponikos.[5] Den fragte ich (er hat nämlich zwei Söhne): »Mein lieber Kallias«, sagte ich, »wenn deine Söhne Fohlen oder Käl-

ber wären, dann könnten wir für sie einen Aufseher bestellen
und bezahlen, der sie gut und tüchtig machen würde [b] nach
Maßgabe der ihnen zukommenden Tüchtigkeit, und das wäre
wohl jemand, der sich auf Pferdezucht oder Landwirtschaft
versteht; sie sind jedoch Menschen: wen willst du da für sie
zum Aufseher bestellen? Wer ist für diese Art von Tüchtigkeit, für die menschliche und bürgerliche, sachverständig?
Denn ich nehme an, daß du dich umgetan hast wegen deiner
Söhne. Gibt es jemanden,« sagte ich, »oder nicht?« »Allerdings«, antwortete er. »Wer ist das«, fragte ich, »woher
kommt er, und was kostet sein Unterricht?« »Euenos«, hieß
es da, »mein Sokrates, aus Paros; fünf Minen.«[6] Und ich pries
den Euenos glücklich – wenn er denn wirklich im Besitze
dieser [c] Kunst ist und so vortrefflich zu unterrichten weiß.
Ich wäre ja ebenfalls stolz und täte groß damit, wenn ich mich
darauf verstünde. Doch ich verstehe mich nicht darauf, ihr
Männer von Athen.

5. Dagegen könnte nun manch einer von euch einwenden:
»Aber, bester Sokrates, womit beschäftigst du dich denn?
Wie sind diese Vorurteile gegen dich aufgekommen? Schwerlich wäre doch, ohne daß du etwas treibst, worin du dich von
den anderen unterscheidest, daraufhin dies allgemeine Ge-
rede entstanden – wenn du dich nicht mit etwas anderem
beschäftigt hättest als die große Masse. Sag uns, was das ist,
damit wir nicht [d] ins Blaue hinein über dich urteilen.«
Wer so redet, redet, meine ich, mit Recht so, und ich will
daher versuchen, euch zu erklären, was das ist, was mir diesen
Ruf und schlechten Leumund eingebracht hat. Hört also gut
zu. Und vielleicht glauben einige von euch, ich wolle scher-
zen. Seid versichert: ich werde euch nichts als die Wahrheit
sagen. Ich bin nämlich, ihr Männer von Athen, aus keinem
anderen Grunde als wegen einer bestimmten Art von Weisheit zu diesem Ruf gekommen. Wegen was für einer Weisheit? Es handelt sich, denke ich, um eine Weisheit von
menschlichem Maß. Ja wirklich: es könnte sein, daß ich in
diesem Umfang weise bin. Diejenigen aber, die ich soeben

genannt habe, mögen so weise sein, daß ihre Weisheit [e] über
menschliches Maß hinausgeht, oder ich weiß nicht, was ich
sagen soll. Denn ich für mein Teil verstehe mich nicht darauf,
und wer das Gegenteil behauptet, lügt und hat es darauf abgesehen, mich zu verleumden. Doch werdet mir bitte nicht
unruhig, ihr Männer von Athen, auch nicht, wenn es so aus-
sieht, als machte ich große Worte. Denn nicht aus eigener
Machtvollkommenheit sage ich, was ich jetzt sagen will; ich
werde mich vielmehr auf einen geeigneten Gewährsmann
berufen. Denn für meine Weisheit – wenn es sie gibt und was
immer daran ist – kann ich euch als Zeugen den Gott in Delphi nennen.

Ihr kennt ja wohl den Chairephon. Der [21a] war von Jugend
an mein Freund, und er ist, als euer, des Volkes, Freund, mit
vielen von euch in die Verbannung gegangen und von dort
wieder zurückgekehrt.[7] Und ihr wißt auch, was der Chairephon für ein Mann war, wie energisch bei allem, was er sich
vorgenommen hatte. Ja, und als er nun einmal nach Delphi
kam, da scheute er sich nicht, das Orakel zu befragen, ob
(werdet bitte über meine Worte nicht ungehalten, ihr Männer) – er fragte also, ob wohl jemand weiser sei als ich. Da gab
ihm die Pythia[8] den Bescheid, niemand sei weiser. Und das
wird euch sein Bruder – dort ist er – bezeugen; er selbst ist ja
gestorben.

6. Beachtet bitte, warum ich [b] das sage: ich will euch doch
zeigen, was mir den schlechten Ruf verschafft hat. Als ich
nämlich von dem Bescheid erfuhr, da überlegte ich mir folgendes: »Was mag der Gott wohl meinen, und was gibt er mir
da für ein Rätsel auf? Ich weiß nämlich ganz genau, daß ich
nicht weise bin, weder viel noch wenig. Was meint er also,
wenn er sagt, ich sei der Weiseste? Denn ganz gewiß lügt er ja
nicht; das ist nicht seine Art.« Und lange Zeit war mir gänzlich unklar, was er wohl meinte; dann erst, mit großem
Widerstreben, machte ich mich daran, die Frage auf folgende
Weise zu untersuchen. Ich ging zu einem von denen, die in
dem Rufe standen, weise zu sein, um [c] so, wenn überhaupt,

den Spruch zu widerlegen und dem Orakel zu zeigen: »Dieser
Mann ist weiser als ich; du aber hast gesagt, ich sei der weiseste.« Als ich ihn nun prüfte (ich brauche ihn wohl nicht mit
Namen zu nennen; es war einer von unseren Politikern, bei
dem ich, als ich ihn mir ansah und mich mit ihm unterhielt,
derartiges erlebte), da gewann ich den Eindruck, daß dieser
Mann wohl weise zu sein schien – nach dem Urteil vieler
anderer Leute und vor allem nach seinem eigenen –, ohne es
indessen wirklich zu sein, und ich versuchte ihm klarzumachen, daß er sich zwar einbildete, weise zu sein, daß er es
jedoch gar nicht war. [d] So kam es, daß ich mich bei ihm und
bei vielen der Anwesenden verhaßt machte; bei mir selbst
aber bedachte ich, als ich wegging: »Im Vergleich zu diesem
Menschen bin ich der Weisere. Denn wahrscheinlich weiß ja
keiner von uns beiden etwas Ordentliches und Rechtes; er
aber bildet sich ein, etwas zu wissen, obwohl er nichts weiß,
während ich, der ich nichts weiß, mir auch nichts zu wissen
einbilde. Offenbar bin ich im Vergleich zu diesem Mann um
eine Kleinigkeit weiser, eben darum, daß ich, was ich nicht
weiß, auch nicht zu wissen glaube.« Dann ging ich zu einem
anderen, zu einem, der für noch weiser galt als mein erster
Mann. Ich [e] gewann dort genau denselben Eindruck, und
ich machte mich nunmehr auch bei ihm und obendrein noch
bei vielen anderen verhaßt.

7. Daraufhin suchte ich planmäßig einen nach dem anderen
auf, und ich bemerkte zu meinem Kummer und Schrecken,
daß ich mich stets nur verhaßt machte. Trotzdem glaubte ich,
es sei unerläßlich, das Wort des Gottes höher zu stellen als
alles andere – ich hatte also, um die Bedeutung des Orakels zu
ergründen, alle Leute aufzusuchen, die in dem Rufe standen,
daß sie etwas wüßten. Und beim Hunde,[9] ihr Männer [22a]
von Athen (ich muß euch ja die Wahrheit sagen), was ich jetzt
erlebte, war dies: diejenigen, die den allerbesten Ruf genossen, schienen mir so ziemlich die armseligsten Burschen zu
sein, als ich sie der göttlichen Weisung gemäß prüfte; bei
anderen hingegen, die in geringerem Ansehen standen, hatte

ich den Eindruck, daß es mit ihrer Fähigkeit zur Einsicht besser bestellt war. Ich muß euch also meine Irrfahrt schildern, wie die eines Mannes, der allerlei Mühen auf sich genommen hat – ich wollte ja den Orakelspruch unangreifbar machen.

Nach den Politikern suchte ich nämlich die Dichter auf, die Tragödien- und die Dithyrambenschreiber[10] und alle die anderen, [b] um mich dort auf frischer Tat zu überführen, daß ich unwissender sei als sie. Ich nahm mir ihre Dichtungen vor, und zwar die, mit denen sie sich meiner Meinung nach besonders viel Mühe gegeben hatten, und fragte sie, was sie damit sagen wollten, um zugleich noch etwas von ihnen zu lernen. Ich scheue mich jetzt, ihr Männer, euch die Wahrheit zu sagen. Trotzdem – ich muß es tun. Denn eigentlich wußten fast alle Anwesenden verständiger über die Sachen zu reden als die Verfasser selber. So stellte ich denn auch bei den Dichtern in kurzer Zeit fest, daß sie nicht aus Weisheit [c] hervorbrachten, was sie hervorbrachten, sondern auf Grund einer besonderen Veranlagung und in göttlicher Begeisterung wie die Seher und Orakelsänger. Denn auch diese Leute sagen viele schöne Dinge, ohne zu wissen, was sie sagen.[11] In einen solchen Zustand schienen mir auch die Dichter zu geraten, und zugleich bemerkte ich, daß sie wegen ihrer Dichtungen glaubten, sie seien auch sonst ganz besonders weise Leute – was sie nicht waren. Ich verließ sie daher mit der Überzeugung, daß ich ihnen in demselben Punkte überlegen war wie den Politikern.

8. Schließlich ging ich zu den Handwerkern. Ich selbst war mir ja bewußt, daß ich mich sozusagen auf nichts verstehe; [d] bei ihnen aber würde ich, wie ich wußte, feststellen, daß sie sich auf viele schöne Dinge verstünden. Und hierin sah ich mich nicht getäuscht: sie verstanden sich auf Dinge, von denen ich nichts verstand, und waren mir in dieser Hinsicht an Weisheit überlegen. Aber, ihr Männer von Athen, denselben Fehler wie die Dichter schienen mir auch die lieben Handwerker zu haben: weil sie sich gut auf die Ausübung

ihrer Kunst verstanden, bildete ein jeder sich ein, er sei auch
im übrigen ganz ungeheuer weise, so daß – meiner Meinung
nach – diese Beschränktheit ihre Weisheit wieder aufhob.
Daher fragte ich mich [e] im Namen des Orakels, ob ich's für
richtig hielte, so zu sein, wie ich sei – nicht weise im Sinne
ihrer Weisheit und nicht unwissend im Sinne ihrer Unwissenheit –, oder ob ich's vorzöge, zu sein wie sie. Ich gab mir
selbst und dem Orakel zur Antwort, daß es mir wohl anstehe,
zu sein, wie ich bin.

9. Aus dieser Untersuchung, ihr Männer von Athen, sind mir
viele Feindschaften [23a] erwachsen, und zwar sehr schlimme
und schwere, so daß mancherlei Vorurteile gegen mich aufgekommen sind und ich in den Ruf geriet, ich sei ein Weiser.
Die jeweils Anwesenden glauben nämlich, ich sei selber in
den Dingen weise, nach denen ich einen anderen ausfrage. So
scheint denn, ihr Männer, allein der Gott wahrhaft weise zu
sein und mit seinem Orakelspruch eben dies zu meinen, daß
die menschliche Weisheit nur wenig wert ist oder rein nichts.
Und offenbar deutet er in diesem Sinne auf den Sokrates hin,
wobei er meinen Namen nur nebenbei nennt, indem er mich
als Beispiel [b] verwendet – als ob er sagen wollte: »Der, ihr
Menschen, ist unter euch der weiseste, der wie Sokrates
erkannt hat, daß er, recht betrachtet, nichts wert ist, was seine
Weisheit betrifft.« So gehe ich denn auch jetzt noch umher
und stelle im Auftrage des Gottes Untersuchungen an, sooft
ich von einem Einheimischen oder Fremden annehme, er sei
weise. Und wenn er's mir nicht zu sein scheint, dann zeige ich
ihm als Gehilfe des Gottes, daß er nicht weise ist. Und wegen
dieser Beschäftigung habe ich im übrigen zu nichts Nennens-
wertem Zeit gefunden, weder im Dienste der Öffentlichkeit
noch in meinen eigenen Angelegenheiten; ich lebe vielmehr in
[c] tiefster Armut – wegen meines Dienstes für den Gott.

10. Außerdem haben die jungen Leute, die mich, und zwar
von sich aus, begleiten (die die meiste Zeit haben, die Kinder
der Reichsten) – die haben Freude daran, wenn sie hören, wie
ich die Leute prüfe, und oft ahmen sie mich nach und versu-

chen dann, andere zu prüfen. Und dann finden sie wohl ein
gerüttelt Maß an Leuten, die da glauben, etwas zu wissen, in
Wahrheit jedoch wenig oder nichts wissen. Deswegen sind
die, die sie geprüft haben, böse auf mich, nicht auf sich selber,
und sie sagen, da sei ein gewisser Sokrates, ein ganz wider-
licher Mensch, [d] der die jungen Leute verderbe. Und wenn
sie jemand fragt, wie er das mache und was er lehre, dann
wissen sie nichts zu erwidern und sind ahnungslos; um sich
jedoch ihre Verlegenheit nicht anmerken zu lassen, bringen
sie das bekannte Zeug vor, das gegen alle zur Hand ist, die
Philosophie treiben: die Himmelserscheinungen und das
Unterirdische, die Leugnung der Götter und das Bestreben,
die schwächere Rede zur stärkeren zu machen. Denn die
Wahrheit zu sagen sind sie wohl kaum bereit: daß sie sich als
Leute erwiesen haben, die etwas zu wissen beanspruchen,
obwohl sie ganz unwissend sind. Da sie nun, meine ich,
[e] empfindlich und hartnäckig und zahlreich sind und da ihre
unaufhörlichen Reden über mich auch glaubwürdig klingen,
haben sie euch die Ohren mit ihren ständigen massiven Verleumdungen ganz vollgestopft.

Aus ihrer Mitte sind Meletos und Anytos und Lykon gegen
mich aufgetreten: Meletos hatte sich wegen der Dichter er-
eifert, Anytos [24a] wegen der Handwerker und Politiker,
Lykon wegen der Redner. Es sollte mich daher, wie ich schon
zu Anfang sagte,[12] wundern, wenn es mir gelänge, euch diese
Vorurteile auszutreiben: in so kurzer Zeit, was sich so tief bei
euch eingefressen hat.

Jetzt kennt ihr die Wahrheit, ihr Männer von Athen, und ich
habe euch in meinen Worten nichts vorenthalten, weder Großes noch Geringes, und nichts verborgen. Und ich weiß auch
ganz gut, daß ich mich gerade dadurch verhaßt mache – was
zugleich als Beweis dafür dienen kann, daß ich die Wahrheit
sage und daß gerade diese Vorurteile gegen mich bestehen
und daß sie hierdurch bedingt sind. Und ihr könnt das jetzt
oder auch [b] später prüfen: ihr werdet finden, daß es so ist.

11. Gegen die Anklage, die meine ersten Ankläger wider mich

verbreitet haben, mag euch dies als Verteidigung genügen.
Gegen Meletos, den Rechtdenkenden, den Vaterlandsfreund,
wie er sich nennt, und überhaupt gegen die späteren Ankläger
will ich mich nunmehr zu verteidigen suchen. Und abermals –
als ob es sich um ganz andere Ankläger handelte – wollen wir
uns deren Anklageschrift vornehmen. Sie lautet doch wohl
wie folgt: Sokrates, heißt es, handele rechtswidrig, indem er
die jungen Leute verderbe und die vom Staate anerkannten
Götter nicht anerkenne, wohl aber andere, neuartige [c] dämonische Wesen. Dies also ist's, was man mir vorwirft,
und diesen Vorwurf wollen wir jetzt Punkt für Punkt
prüfen.
Er behauptet, ich handelte rechtswidrig, indem ich die jungen
Leute verdürbe. Ich aber behaupte, ihr Männer von Athen,
daß Meletos rechtswidrig handelt, weil er sich in einer ernst-
haften Sache einen Scherz erlaubt, indem er leichtfertig Leute
vor Gericht bringt und sich stellt, als sei er der Hüter und
Wächter von Dingen, um die er sich zeit seines Lebens noch
nie gekümmert hat[13] – daß sich dies wirklich so verhält, will
ich auch euch klarzumachen versuchen.
12. Antworte mir also bitte, mein Meletos: Du legst doch
größten Wert [d] darauf, daß aus den jungen Leuten möglichst gute Menschen werden?
Ja.
Nun – dann sag den Männern hier, wer sie besser macht! Das
weißt du doch bestimmt; du kümmerst dich ja darum. Denn
ihren Verderber hast du aufgespürt, wie du behauptest: mich,
und führst ihn diesen Männern vor und klagst ihn an. Nenne
also jetzt auch den, der sie besser macht, und gib denen da
bekannt, wer das ist! – Siehst du, mein Meletos, wie du
schweigst und nicht zu antworten weißt? Was meinst du: ist
das etwa keine Blamage für dich und kein hinlänglicher
Beweis für meine Behauptung, daß du dich gar nicht darum
gekümmert hast? Also, sag doch, mein Lieber, wer macht sie
tüchtiger?
Die Gesetze.

Danach [e] frage ich doch nicht, mein Bester, sondern: Welcher Mensch, der sich zuallererst auch hiermit auskennt – mit den Gesetzen?

Die hier, Sokrates, die Richter.

Was sagst du da, Meletos? Die hier sind imstande, die jungen Leute zu erziehen und besser zu machen?

Ganz gewiß.

Sie alle – oder nur einige von ihnen, andere hingegen nicht?

Sie alle.

Gut gesagt, bei der Hera – du führst eine stattliche Menge von Helfern ins Feld. Doch wie? Machen die Zuhörer hier [25a] sie besser oder nicht?

Auch sie.

Und die Ratsherren[14]?

Auch die Ratsherren.

Aber, mein Meletos, die Leute in der Volksversammlung, die Versammlungsbesucher: sollte es sein, daß sie die jungen Leute verderben? Oder machen auch sie allesamt sie besser?

Auch sie.

Also machen offenbar alle Athener anständige Kerle aus ihnen, außer mir – ich allein verderbe sie. Ist das deine Meinung?

Ganz gewiß ist das meine Meinung.

Damit hast du mir aber einen schweren Schlag versetzt! Doch antworte mir: Glaubst du, daß es sich auch mit den Pferden so verhält: [b] daß alle Welt imstande ist, sie besser zu machen, und nur ein einziger sie verdirbt? Oder ist es nicht ganz im Gegenteil so, daß nur einer sie besser zu machen versteht oder einige wenige, die Pferdezüchter, und daß die meisten Leute, wenn sie mit Pferden umgehen und sich ihrer bedienen, sie verderben? Und nicht wahr, Meletos: so verhält es sich nicht nur mit den Pferden, sondern auch mit allen anderen Lebewesen? Ganz gewiß verhält es sich so – mögen du und Anytos das zugeben oder nicht. Es wäre ja herrlich mit den jungen Leuten bestellt, wenn einer allein sie verdürbe und alle anderen sie förderten. Doch du, [c] mein Meletos, gibst zur

Genüge zu erkennen, daß du dich noch nie für die jungen Leute verantwortlich gefühlt hast, und zeigst klar deine Unbekümmertheit: daß dich keineswegs gekümmert hat, weswegen du mich vor Gericht bringst.

13. Sag uns noch, beim Zeus, mein Meletos, was ist besser: unter rechtschaffenen Bürgern zu leben oder unter schlechten? Antworte, mein Bester: meine Frage ist ja nicht schwierig. Tun nicht die Schlechten Böses an ihren nächsten Nachbarn, und die Guten Gutes?

Allerdings.

Was will jemand von seiten derer, mit denen er umgeht, [d] lieber erleiden: Schaden oder Förderung? Antworte, mein Lieber: du bist nach dem Gesetz verpflichtet, mir zu antworten. Will jemand Schaden erleiden?

Keineswegs.

Gut – und bringst du mich hier vor Gericht, weil ich die jungen Leute willentlich verderbe und schlechter mache, oder unwillentlich?[15]

Ich? Weil du's willentlich tust.

Wie, Meletos? Um so viel bist du klüger als ich, du bei deinem und ich bei meinem Alter: du hast begriffen, daß die Bösen ihren Nächsten stets Böses tun [e] und die Guten Gutes, ich aber habe es zu solchem Unverstand gebracht, daß ich auch dies nicht weiß: daß ich, wenn ich aus jemandem, mit dem ich umgehe, einen schlechten Menschen mache, Gefahr laufe, Böses von ihm zu erleiden? Und dies, ein so großes Übel, tue ich mir, wie du behauptest, willentlich an? Das kann ich dir nicht glauben, Meletos, und ich denke, auch sonst kein Mensch. Entweder also verderbe ich niemanden, oder wenn ich's tue, dann unwillentlich, so daß du so oder so die Unwahrheit sagst. Wenn ich aber [26a] meinen verderblichen Einfluß unwillentlich ausübe, dann gibt es keine gesetzliche Handhabe, mich wegen eines derartigen Fehlverhaltens hierher zu bringen: man muß mich beiseite nehmen und mir mit belehrenden Worten den Kopf zurechtsetzen. Denn das ist klar: wenn man mich belehrt, dann höre ich auf mit dem, was

ich unwillentlich tue. Du aber hieltest nichts davon und warst
nicht bereit, zu mir zu kommen und mich zu belehren; statt
dessen bringst du mich hierher, wohin man nur Leute bringen
sollte, die einer Strafe bedürfen und nicht einer Belehrung.

14. Doch das, ihr Männer von Athen, ist ja wohl, wie gesagt,
schon klar: daß [b] sich Meletos um diese Dinge nie gekümmert hat, weder viel noch wenig. Sag mir aber trotzdem, auf
welche Weise ich die jungen Leute verderbe, Meletos! Oder
geht das bereits aus der Anklageschrift hervor, die du einge-
reicht hast: indem ich lehre, man solle nicht die vom Staate
anerkannten Götter anerkennen, sondern andere, neuartige
dämonische Wesen? Behauptest du nicht, daß dies die Lehren
sind, durch die ich meinen verderblichen Einfluß ausübe?

Ja, allerdings, genau das behaupte ich.

Bei eben den Göttern, Meletos, von denen jetzt die Rede ist,
erkläre dich [c] mir und diesen Männern hier etwas deutlicher.
Ich vermag nämlich noch nicht zu begreifen, ob deiner Meinung nach meine Lehre darin besteht, daß ich zwar an irgendwelche Götter glaube (auch ich glaube dann, daß es Götter
gibt, und ich bin kein radikaler Gottesleugner und handele
nicht in diesem Punkte rechtswidrig) – allerdings nicht an die
vom Staate anerkannten, sondern an andere, so daß es dies ist,
was du mir zum Vorwurf machst, oder ob du meinst, daß ich
überhaupt nicht an Götter glaube und dies auch andere
lehre.

Das meine ich, daß du überhaupt nicht an Götter glaubst.

Du bist sonderbar, Meletos: warum sagst du das? Ich glaube
also auch nicht, [d] daß die Sonne und der Mond Götter sind –
im Unterschied zu den anderen Menschen?

Allerdings, ihr Richter: er behauptet ja, daß die Sonne aus
Stein bestehe, und der Mond aus Erde.[16]

Du bildest dir wohl ein, daß du Anaxagoras anklagst, mein
lieber Meletos? Und so gering denkst du von diesen Männern
und meinst, sie seien so unbelesen, daß sie nicht wüßten, daß
die Bücher des Anaxagoras aus Klazomenai[17] von derlei
Theorien strotzen? Und diese Weisheiten sollen die jungen

Leute auch von mir lernen – Dinge, die gelegentlich für höchstens eine Drachme [e] in den Läden am Orchestraplatz erhältlich sind?[18] So daß sie Sokrates auslachen können, wenn er dies Zeug für sich beansprucht – zumal es so absurd ist? Doch, beim Zeus, so denkst du also von mir: daß ich überhaupt nicht an einen Gott glaube?

Allerdings, beim Zeus, nicht im geringsten.

Du bist unglaubwürdig, Meletos, und in diesem Punkte, meine ich, sogar vor dir selber. Denn allerdings, ihr Männer von Athen, mir kommt's so vor, als sei der Bursche nichts als ein rücksichtsloser Schikaneur, der seine Anklageschrift aus hemmungslosem Übermut und jugendlichem Leichtsinn abgefaßt hat. Er gleicht einem, [27a] der ein Ratespiel erdacht hat, worin er ausprobieren will: »Ob der weise Sokrates wohl merkt, daß ich mir hier einen Scherz erlaube und mich zu mir selbst in Widerspruch setze – oder wird's mir gelingen, ihn und alle anderen, die da zuhören, hinters Licht zu führen?« Denn ich habe den Eindruck, daß er sich in seiner Anklageschrift zu sich selbst in Widerspruch setzt, als ob er behaupten wollte: »Sokrates handelt rechtswidrig, indem er nicht an Götter, sondern an Götter glaubt.« Und so verhält sich doch nur ein Spaßmacher.

15. Untersucht jetzt bitte gemeinsam mit mir, ihr Männer, inwiefern er mir diese Behauptung aufzustellen scheint; du aber mußt uns antworten, Meletos. Doch ihr, denkt an das, worum ich euch schon zu Anfang [b] gebeten habe, und werdet nicht unruhig, wenn ich das Gespräch in der mir gewohnten Weise führe.

Gibt es irgendeinen Menschen, Meletos, der zwar an das Vorhandensein von menschlichen Dingen glaubt, nicht aber an das von Menschen? Er soll antworten, ihr Männer, und nicht immer wieder protestieren! Kann man an Pferde nicht glauben, wohl aber an Dinge von Pferden? Oder an Flötenspieler nicht, wohl aber an Dinge von Flötenspielern? Das kann man nicht, mein Bester – wenn du nicht antworten willst, dann sage ich's dir und den anderen hier. Doch diese Frage mußt du beantworten: kann man glauben, [c] daß es zwar dämonische Dinge[19] gibt, nicht aber Dämonen?

Nein.

Wie gütig von dir, daß du endlich geantwortet hast, als die dort dich bedrängten. Du behauptest doch, daß ich an dämonische Dinge glaube und das auch lehre, ob sie nun neuartig oder althergebracht sind – ich glaube also an dämonische Dinge, wie du jedenfalls sagst und wie du in deiner Anklageschrift sogar beschworen hast. Wenn ich aber an dämonische Dinge glaube, dann glaube ich doch wohl notwendigerweise auch an Dämonen. Oder verhält es sich anders? Nein. Denn ich nehme an, daß du ebenso denkst – da du nicht antwortest. Die Dämonen aber halten wir doch [d] für Götter oder für Kinder von Göttern?[20] Ja oder nein?

Jawohl.

Wenn ich nun also an Dämonen glaube, wie auch du anerkennst, und wenn wiederum die Dämonen eine Art von Göttern sind, dann haben wir doch, was ich dein Ratespiel und deinen Scherz nenne: indem du sagst, daß ich nicht an Götter glaube und doch wieder daran glaube, da ich ja an Dämonen glaube. Wenn aber die Dämonen Kinder von Göttern sind, Bastarde von Nymphen oder irgendwelchen anderen Wesen, wie es überliefert ist, welcher Mensch brächte es fertig zu glauben, daß es zwar Kinder von Göttern gibt, nicht aber Götter? Das wäre ja ebenso unsinnig, wie wenn jemand glaubte, daß es zwar [e] Kinder von Pferden und Eseln gibt, die Maulesel, nicht aber Pferde und Esel. Nein, Meletos, es ist nicht anders möglich: du wolltest uns entweder auf die Probe stellen, als du deine Anklageschrift zu Papier brachtest, oder du wußtest nicht, welches Vergehen du mir ernsthaft vorwerfen konntest. Daß du aber irgendeinen Menschen, der nur ein bißchen Verstand hat, davon überzeugst, es sei nicht desselben Mannes Sache, an Dämonisches und an Göttliches zu glauben, und es sei auch nicht desselben Mannes Sache, sowohl an Dämonen als auch an Götter [28a] als auch an Heroen nicht zu glauben, das ist völlig unmöglich.

16. Also, ihr Männer von Athen, daß ich nicht im Sinne der Anklageschrift des Meletos rechtswidrig gehandelt haben kann, scheint mir keiner umständlichen Beweisführung mehr zu bedürfen – dies hier genügt. Doch was ich vorhin sagte,[21] daß ich mir viel Haß zugezogen habe und bei vielen: seid überzeugt, daß das stimmt. Und das ist es auch, was mich zu Fall bringt, wenn überhaupt etwas – nicht Meletos oder Anytos, sondern mein schlechter Ruf und die vielen Anfeindungen. Denn was schon viele andere tüchtige Männer zu Fall gebracht hat, das wird wohl auch mich zu Fall bringen: es besteht kein Grund, [b] daß ich davon verschont bleibe.

Da sagt vielleicht manch einer: »Schämst du dich nicht, Sokrates, einer Beschäftigung nachzugehen, die dich jetzt das Leben kosten kann?« Dem würde ich dann mit Recht entgegnen: »Du sprichst nicht wohl, Mensch, wenn du meinst, es dürfe jemand eine Gefahr auf Leben und Tod in Betracht ziehen, wenn er auch nur einigermaßen etwas wert ist – statt allein darauf zu blicken, ob er, sooft er etwas tut, recht oder unrecht daran tut und ob er wie ein anständiger Mann handelt oder wie ein Lump. Nichtswürdig wären ja nach deinem Grundsatz die [c] Halbgötter, die vor Troja gefallen sind, darunter vor allem der Sohn der Thetis.[22] Denn er verachtete jede Gefahr, um nur nichts Schändliches auf sich zu nehmen, und zwar in dem Maße, daß er, als seine Mutter ihm seine Absicht, Hektor zu töten, sie, die Göttin, mit etwa folgenden Worten, glaube ich, auszureden suchte: ›Kind, wenn du den Tod des Patroklos, deines Gefährten, rächst und Hektor tötest, dann mußt du selber sterben‹ (›alsbald nämlich ist‹, sagt sie wörtlich, ›nach Hektor auch dir das Schicksal besiegelt‹) – als der das hörte, da achtete er den Tod und die Gefahr für nichts, denn er [d] fürchtete sich viel mehr davor, als Feigling am Leben zu bleiben und nicht für die Freunde Rache zu üben, und so sagte er: ›Auf der Stelle will ich sterben, wenn ich den Übeltäter habe büßen lassen, um ja nicht zu aller Gespött hier bei den geschweiften Schiffen zu blei-

ben, eine unnütze Last unserer Erde.‹ Meinst du, der hätte
sich um Tod und Gefahr gekümmert?«

Denn so ist's doch richtig, ihr Männer von Athen: wo einer
sich aufstellt, im Glauben, es sei das Beste so, oder wo er von
seinem Vorgesetzten aufgestellt wird, dort muß er, meine
ich, ausharren und die Gefahr auf sich nehmen, ohne an
den Tod zu denken oder an irgend etwas anderes außer der
Schande.

17. Ich hätte mich ja ganz verkehrt verhalten, ihr Männer von
Athen, wenn ich zwar damals, als mich [e] die mir von euch
zugeteilten Vorgesetzten aufstellten, bei Potidaia und Amphipolis und Delion,[23] wenn ich damals an der Stelle, wo sie
mich aufstellten, ausgeharrt und dem Tod ins Auge geblickt
hätte wie mancher andere auch, wenn ich hingegen da, wo der
Gott mich aufgestellt hat (wie ich jedenfalls annahm und ver-
mutete: ich solle als Philosoph leben und mich und meine
Mitmenschen prüfen) – wenn ich dort aus Furcht vor dem
Tode oder [29a] irgend etwas anderem den mir zugewiesenen
Platz verließe. Das wäre schlimm, und dann könnte man
mich wahrhaftig mit Recht vor Gericht bringen, weil ich
nicht an die Götter glaubte, da ich den Seherspruch nicht
befolgte und mich vor dem Tode fürchtete und mich für weise
hielte, ohne es zu sein.

Denn sich vor dem Tode zu fürchten, ihr Männer, das ist
nichts anderes als sich für weise zu halten, ohne daß man es
ist. Das bedeutet ja, daß man zu wissen glaubt, was man gar
nicht weiß. Denn niemand weiß, ob nicht der Tod für den
Menschen die größte aller Wohltaten ist, und doch fürchten
ihn die Leute, als ob sie genau wüßten, daß er das größte aller
Übel ist. Und ist nicht [b] eben dies die vielgeschmähte Unbe-
lehrtheit: zu glauben, man wisse, was man nicht weiß? Hierdurch, ihr Männer, unterscheide ich mich wohl auch in dieser
Frage von den meisten Menschen, und wenn ich beanspruchen wollte, in irgendeiner Hinsicht weiser zu sein als andere,
dann darin, daß ich, da ich nichts Genaues von den Zuständen
im Jenseits weiß, auch nicht glaube, etwas davon zu wissen.

Unrecht zu tun und einem Besseren nicht zu gehorchen, einem Gott oder Menschen: daß das schlecht und schändlich ist, weiß ich. Anstelle der schlechten Dinge, von denen ich weiß, daß sie schlecht sind, werde ich niemals anderes, von dem ich nicht weiß, ob es nicht vielleicht sogar gut ist, fürchten und zu meiden suchen.

Wenn ihr mich also jetzt laufen laßt, [c] ohne auf Anytos zu hören, der da meinte, ich hätte entweder gar nicht hier erscheinen dürfen oder aber es sei, da ich hier erschienen bin, unmöglich, daß man mich nicht zum Tode verurteile, und der euch noch versicherte, daß, wenn ich davonkäme, eure Söhne, indem sie die Lehren des Sokrates befolgten, allesamt ganz und gar verdorben würden – wenn ihr mir daraufhin sagtet: »Sokrates, dieses Mal wollen wir nicht auf Anytos hören, sondern dich laufen lassen, allerdings nur unter der Bedingung, daß du nicht mehr diesen Untersuchungen frönst und Philosophie betreibst. Wenn du aber noch einmal dabei ertappt wirst, dann mußt du sterben« – wenn ihr [d] mich also, wie gesagt, unter dieser Bedingung laufen lassen wolltet, dann würde ich euch antworten: »Ich schätze und verehre euch, ihr Männer von Athen, doch gehorchen werde ich eher dem Gotte als euch und, solange ich atme und dazu imstande bin, nimmer aufhören, zu philosophieren und auf euch einzureden und jedem von euch, den ich treffe, ins Gewissen zu reden, indem ich in meiner gewohnten Art zu ihm sage: ›Mein Bester, du bist Athener, ein Bürger der größten und durch Bildung und Macht berühmtesten Stadt, und du schämst dich nicht, dich darum zu kümmern, wie du zu möglichst viel Geld und wie du [e] zu Ehre und Ansehen kommst, doch um die Vernunft und die Wahrheit und darum, daß du eine möglichst gute Seele hast, kümmerst und sorgst du dich nicht?‹ Und wenn einer von euch das bestreitet und sagt, er kümmere sich darum, dann werde ich ihn nicht gleich laufen lassen und weggehen, sondern ihn fragen und prüfen und ausforschen, und wenn ich den Eindruck bekomme, daß er keine Tugend besitzt, obwohl er's behauptet, dann werde ich ihm den Kopf

zurechtsetzen, weil er das Wertvollste am [30a] niedrigsten
einschätzt und das Minderwertige höher. Und das werde ich
bei Jüngeren und Älteren tun, wie ich sie treffe, und bei
Fremden und Einheimischen – um so viel mehr bei euch Einheimischen, als ihr mir durch Herkunft näher steht. Denn das
befiehlt mir – seid dessen gewiß – der Gott, und ich bin
überzeugt, daß euch in der Stadt noch nie eine größere Wohltat zuteil geworden ist als dieser mein Dienst an dem Gotte.
Denn ich tue, während ich euch nachlaufe, nichts anderes, als
daß ich euch, die Jüngeren wie die Älteren, dahin zu bringen
suche, euch nicht zuallererst um euer leibliches Wohl und um
Geld zu kümmern und auch nicht [b] mit solchem Eifer wie
um einen möglichst guten Zustand eurer Seele, wobei ich
sage, daß nicht der Reichtum sittlichen Wert hervorbringt,
sondern der sittliche Wert Reichtum und alle übrigen Güter,
für jeden einzelnen wie für die Allgemeinheit. Wenn ich nun,
indem ich dies sage, die jungen Leute verderbe, dann ist das
vom Übel. Wenn aber jemand behauptet, ich sagte etwas
anderes als dies, dann redet er Unsinn. Kurz und gut, ihr
Männer von Athen«, würde ich wohl sagen, »ob ihr auf Anytos hört oder nicht, ob ihr mich laufen laßt oder nicht: ich
werde mein Verhalten nicht ändern, und wenn ich [c] noch so
oft den Tod dafür erleiden müßte.«
18. Werdet bitte nicht unruhig, ihr Männer von Athen, und
bleibt bei dem, worum ich euch bat: euch durch meine Worte
nicht in Unruhe versetzen zu lassen, sondern zuzuhören;
denn ihr habt etwas davon, meine ich, wenn ihr zuhört. Ich
werde nämlich noch anderes zu euch sagen, worüber ihr vielleicht in Rufe ausbrecht. Doch laßt euch dazu nicht hinrei-
ßen. Ihr müßt nämlich wissen: wenn ihr mich tötet, als den,
der ich zu sein behaupte, dann werdet ihr nicht so sehr mir
Schaden zufügen als vielmehr euch selbst. Denn mir würde
keiner schaden, nicht Meletos und auch nicht Anytos (das
könnten sie gar nicht), und [d] es geht meines Erachtens auch
nicht an, daß einem besseren Manne von einem schlechteren
Schaden zugefügt wird. Natürlich kann er mich töten oder in

die Verbannung schicken, oder er kann mir die bürgerlichen
Ehren nehmen. Doch diese Dinge hält vielleicht er selber oder
sonstwer für große Übel, ich hingegen halte sie nicht dafür,
sondern viel eher das, was er jetzt tut: daß er es unternimmt,
jemanden ungerechterweise ums Leben zu bringen.

So bin ich denn, ihr Männer von Athen, weit davon entfernt,
für mich selbst einzutreten (wie man eigentlich annehmen
möchte); ich trete vielmehr für euch ein, daß ihr euch nicht an
eurer Gottesgabe versündigt, indem ihr mich verurteilt.
Denn wenn ihr mich [e] tötet, dann werdet ihr nicht leicht
einen anderen finden, der gleichsam (so lächerlich das klingt)
durch göttlichen Ratschluß der Stadt beigegeben ist wie
einem großen und edlen Pferde, das indes wegen seiner
Größe etwas träge ist und von einem Sporn angestachelt werden muß – so, glaube ich, hat mich der Gott dieser Stadt
beigegeben: als jemanden, der euch unentwegt aufrüttelt und
mahnt und schilt – jeden einzelnen von euch, [31a] indem er
den lieben langen Tag überall an euch herantritt. Ein zweiter
von dieser Art wird euch so leicht nicht erstehen, ihr Männer;
wenn ihr also auf mich hören wollt, dann schont ihr mich.
Doch ihr seid vielleicht verärgert, wie Schlummernde, die
man weckt, und ihr schlagt dann wohl, indem ihr auf Anytos
hört, zurück und verurteilt mich ohne Bedenken zum Tode:
dann werdet ihr gewiß den Rest eures Lebens im Schlaf verbringen – es sei denn, der Gott schickt euch in seiner Sorge
um euch einen anderen. Daß gerade ich jemand bin, den die
Gottheit der Stadt geschenkt hat, könnt ihr hieraus [b] ent-
nehmen: es sieht nicht nach Menschenart aus, daß ich mich
um alles, was mich betrifft, nicht kümmere und mein Haus
schon seit vielen Jahren verkommen lasse, dafür aber stets
eure Angelegenheiten besorge, indem ich an jeden einzelnen
herantrete und ihm wie der Vater oder ein älterer Bruder ins
Gewissen rede, er solle sich darum bemühen, ein guter
Mensch zu sein. Und wenn ich irgendeinen Vorteil davon
hätte und euch für Geld diese Ratschläge gäbe, dann wäre
mein Verhalten vielleicht begreiflich. Nun seht ihr aber

selbst, daß meine Ankläger, die doch in allen anderen Punkten so schamlos Vorwürfe gegen mich erhoben haben, nicht
imstande waren, ihre Schamlosigkeit auf die Spitze zu treiben
[c] und einen Zeugen dafür beizubringen, ich hätte jemals
Geld von jemandem angenommen oder erbeten. Ich bringe
ja, meine ich, einen hinlänglichen Zeugen dafür bei, daß ich
die Wahrheit sage: meine Armut.

19. Nun könnte befremdlich scheinen, daß ich meine Ratschläge nur einzelnen erteile, indem ich vom einen zum anderen gehe und viel Mühe dabei aufwende, daß ich hingegen
nicht wage, öffentlich in der Volksversammlung vor euch
aufzutreten und der Allgemeinheit zu raten. Der Grund dafür
ist, wie ihr mich schon oft und vielerorts habt sagen hören,
daß mir etwas Göttliches, [d] etwas Dämonisches zu widerfahren pflegt – worüber sich ja auch Meletos in seiner Anklageschrift spöttisch geäußert hat. Mir wird dies seit meiner
Jugend zuteil: eine Stimme, die zu mir spricht, die mir, sooft
sie spricht, stets von dem abrät, was ich gerade zu tun beab-
sichtige, und die sich niemals zuratend vernehmen läßt. Diese
Stimme ist's, die mich davon abhält, Politik zu treiben – und
mit gutem Grund, glaube ich, hält sie mich davon ab. Ihr
müßt nämlich wissen, ihr Männer von Athen: je früher ich
mich darauf eingelassen hätte, Politik zu treiben, desto eher
wäre ich auch zu Tode gekommen und hätte dann weder euch
[e] noch mir selber von Nutzen sein können. Und nehmt
mir's nicht übel, wenn ich euch die Wahrheit sage: kein
Mensch ist seines Lebens noch sicher, der euch oder sonst
einer Volksmenge offen entgegentritt und die zahlreichen
Verstöße zu verhindern sucht, die von Staats wegen gegen
Recht und Gesetz begangen werden – [32a] wer sich ernstlich
für die Gerechtigkeit einsetzen will, muß unbedingt, wenn er
auch nur kurze Zeit am Leben bleiben möchte, als Privat-
mann auftreten, nicht als Politiker.

20. Hierfür will ich euch schlagende Beweise nennen – nicht
Worte, sondern, worauf ihr ja Wert legt, Tatsachen. Hört
euch bitte an, was mir zugestoßen ist, damit euch klar wird,

daß ich dem Recht zuwider vor niemandem zurückweiche, auch nicht aus Furcht vor dem Tode, und daß ich meine Unnachgiebigkeit unweigerlich mit dem Leben bezahlen müßte. Was ich sagen will, ist unerquicklich für euch und ermüdend, aber wahr. Ich habe ja, ihr Männer von Athen, sonst [b] nie ein Amt in unserem Staate bekleidet – immerhin war ich Ratsherr. Und zufällig hatte meine Abteilung, die Antiochis, die laufenden Geschäfte zu besorgen, als ihr die zehn Feldherren, die die schiffbrüchigen Opfer der See-schlacht nicht gerettet hatten, als Kollektiv aburteilen wolltet – wider das Gesetz, wie auch euch allen später klar geworden ist. Damals habe ich als einziger unter den diensttuenden Ratsherren davon abgeraten, etwas Gesetzwidriges zu tun, und dagegen gestimmt.[24] Und während sich eure Wortführer schon anschickten, mich verhaften und abführen zu lassen, und ihr sie unter lautem Rufen dazu auffordertet, glaubte ich, im Bunde mit Gesetz und [c] Recht aller Gefahr trotzen zu sollen, statt mich aus Furcht vor Haft oder dem Tode euch und euren Unrechtsbeschlüssen anzubequemen.

Und dies trug sich zu, während unser Staat noch demokra-tisch regiert wurde. Als wir dann die Oligarchie bekommen hatten, zitierten die Dreißig mich und vier andere zu sich in den Rundbau; sie gaben uns den Befehl, den Salaminier Leon, der hingerichtet werden sollte, aus seiner Heimat herbeizu-schaffen[25] – wie sie ja auch sonst allerlei Leuten allerlei befoh-len haben, um möglichst viele zu Mitschuldigen zu machen. Damals habe ich wohl wirklich nicht [d] durch Worte, son-dern durch die Tat bewiesen, daß ich um mein Leben (wenn's auch etwas grob klingt) keinen Deut besorgt bin, daß sich alle meine Sorge darauf richtet, kein Unrecht und keinen Frevel zu begehen. Denn ich habe mich ja durch dieses Regime nicht einschüchtern lassen, daß ich – so mächtig es war – etwas Unrechtes getan hätte: als wir den Rundbau verließen, da gingen die anderen vier nach Salamis und schafften Leon her-bei, ich hingegen machte mich aus dem Staube und ging nach Haus. Und vielleicht hätte ich deswegen sterben müssen, wenn das Regime nicht bald darauf gestürzt worden wäre. Diesen Vorgang [e] können euch viele bestätigen.

21. Glaubt ihr jetzt, ich hätte so viele Jahre überstanden, wenn ich politisch tätig geworden wäre und dabei, wie es sich für einen anständigen Menschen gehört, stets die gerechte Sache unterstützt und dies pflichtgemäß für meine wichtigste Aufgabe gehalten hätte? Weit gefehlt, ihr Männer von Athen, und bei keinem Menschen wäre das anders gewesen. [33a] Von mir aber wird man annehmen, daß ich während meines ganzen Lebens der gleiche geblieben bin, bei meinen gelegentlichen politischen Betätigungen und ebenso im Umgang mit einzelnen: ich habe nie jemandem Zugeständnisse gemacht, die wider das Recht sind – weder sonstwem noch einem aus der Zahl derer, von denen meine Verleumder sagen, sie seien meine Schüler.[26] Ich bin ja nie jemandes Lehrer gewesen. Wenn mir aber jemand zuhören wollte, wie ich redete und meinen Auftrag vollzog, ein Jüngerer oder ein Älterer, dann habe ich nie etwas dagegen gehabt, und es ist nicht so, daß ich, wenn ich dafür bezahlt werde, meine Gespräche führe, [b] sonst aber nicht; vielmehr bin ich in gleicher Weise bei Reich und Arm bereit, mich fragen zu lassen, und wenn jemand will, dann kann er auch antworten und hören, was ich dazu sage. Und ob nun jemand von denen ein ordentlicher Mensch wird oder nicht, dafür kann man mich billigerweise nicht verantwortlich machen – habe ich doch nie jemandem von ihnen ein bestimmtes Wissen versprochen oder ihm Unterricht darin erteilt. Wenn aber jemand behauptet, er habe je etwas von mir gelernt oder zu hören bekommen, was nicht auch alle die anderen erfahren konnten, dann seid versichert, daß er nicht die Wahrheit sagt.

22. Doch wie kommt es, daß manche ihre Freude daran haben, viel Zeit [c] mit mir gemeinsam zu verbringen? Das habt ihr schon gehört, ihr Männer von Athen, ich habe euch die volle Wahrheit gesagt:[27] es macht ihnen Freude, zuzuhören, wie Leute auf die Probe gestellt werden, die sich für weise halten, ohne es zu sein. Das ist nämlich recht vergnüg-

lich. Mir aber ist, wie gesagt, vom Gotte auferlegt, dies zu
tun: durch Orakelsprüche, durch Träume und auf jede
Weise, in der irgendeine göttliche Instanz einem Menschen
irgend etwas zu tun auferlegt hat. Dies, ihr Männer von
Athen, ist wahr und leicht zu erweisen. Wenn ich nämlich die
jungen Leute teils jetzt verdürbe, [d] teils früher verdorben
hätte, dann müßten doch wohl einige von ihnen, sobald sie,
älter geworden, erkennen, daß ich ihnen, als sie noch jung
waren, irgendwann einmal zu etwas Schlimmem geraten
habe, nunmehr entweder selbst vor Gericht gehen, um mich
anzuklagen und Vergeltung zu üben, oder es müßten, wenn
sie das selbst nicht wollten, irgendwelche Angehörige von
ihnen, die Väter oder Brüder oder andere Verwandte, wenn
denn wirklich ihren Angehörigen Schlimmes von mir widerfahren wäre, nunmehr darauf zurückkommen und Vergeltung üben. Es sind ja auch viele von ihnen hier anwesend, wie
ich sehe: zuerst Kriton [e] dort, desselben Alters und aus
demselben Bezirk wie ich, der Vater unseres Kritobulos,
dann Lysanias aus Sphettos, der Vater des Aischines hier,
ferner Antiphon aus Kephisos, der Vater des Epigenes, sowie
folgende weitere Personen, deren Brüder zu meiner Umge-
bung gehört haben: Nikostratos, Sohn des Theozotides, der
Bruder des Theodotos (der ist inzwischen verstorben, er hat
also den Nikostratos nicht für mich einnehmen können)
sowie Paralios, Sohn des Demodokos, dessen Bruder Theages war, [34a] Adeimantos, Sohn des Ariston, der Bruder des
Platon dort, und Aiantodoros, der Bruder des ebenfalls
anwesenden Apollodoros.[28] Und ich könnte euch noch viele
andere nennen, von denen Meletos in seiner Rede doch
wenigstens diesen oder jenen als Zeugen hätte anführen müssen. Wenn er's vorhin vergessen hat, dann soll er jetzt einen
anführen, ich erlaube es ihm, und sagen, ob er so jemanden
hat. Nein – ihr werdet das genaue Gegenteil feststellen, Männer: alle sind bereit, mir zu helfen, mir, dem Verderber, der
ihren Angehörigen Schlimmes angetan hat, wie jedenfalls
Meletos und [b] Anytos behaupten. Die Verdorbenen selbst

hätten ja vielleicht einigen Grund, mir zu helfen; doch die nicht Verdorbenen, ältere Männer schon, die Verwandten dieser Leute: welchen anderen Grund, mir zu helfen, können sie haben als den einzig wahren und gerechten, daß, wie sie genau wissen, Meletos lügt, ich hingegen die Wahrheit sage?

23. Genug, ihr Männer: was ich zu meiner Verteidigung vorzubringen wüßte, ist ungefähr dies und vielleicht noch einiges mehr von dieser Art. Möglicherweise ist manch einer von euch ungehalten, [c] wenn er an sich selber zurückdenkt: daß er auch, als er einen harmloseren Kampf vor Gericht zu kämpfen hatte als ich hier, die Richter unter vielen Tränen bat und anflehte und daß er seine Kinder mitbrachte, um möglichst viel Mitleid hervorzurufen, sowie andere Angehörige und zahlreiche Freunde – während ich nichts von alledem zu tun gedenke, obwohl bei mir, wie ich meinen möchte, das Äußerste auf dem Spiele steht. Vielleicht fühlt sich mancher, wenn er dies bedenkt, in seiner Selbsteinschätzung desto mehr von mir gekränkt, so daß er, eben hierüber erzürnt, im Zorne seine Stimme abgibt. Falls nun jemand von euch so eingestellt ist – [d] ich möchte es nicht annehmen, doch gesetzt den Fall –, zu dem sage ich doch wohl, scheint mir, etwas Richtiges, wenn ich sage: »Auch ich, mein Bester, habe so etwas wie Angehörige. Denn auch auf mich trifft das Homerwort zu, ich stamme ›nicht von Eichen noch von Felsen‹ ab,[29] sondern von Menschen, so daß auch ich Angehörige habe, drei Söhne, ihr Männer von Athen, von denen einer schon halb erwachsen ist, zwei noch kleine Kinder. Und trotzdem lasse ich keinen von denen hierher bringen, um einen Freispruch von euch zu erwirken.«

Warum will ich nichts von alledem tun? Nicht weil ich hochmütig bin, ihr Männer von Athen, noch [e] weil ich euch geringschätze! Abgesehen davon, ob ich den Tod verachte oder nicht (das ist eine andere Frage): wenn uns unser Ruf etwas gilt, dann ist es, glaube ich, für mich und für euch und für die ganze Stadt nicht gut, daß ich irgend etwas hiervon tue, in meinem Alter und bei meinem Namen, ob der zu Recht besteht oder nicht – man ist ja nun einmal überzeugt, daß sich Sokrates irgendwie von [35a] all den anderen Menschen unterscheidet. Wenn diejenigen unter euch, die sich durch Weisheit oder Mut oder eine andere gute Eigenschaft auszuzeichnen scheinen, so auftreten wollten, dann wäre das eine Schande – wie ich schon oft Leute gesehen habe, die, wenn sie vor Gericht standen (obwohl sie doch hohes Ansehen genossen), ganz sonderbare Dinge taten, als ob sie glaubten, etwas Schlimmes erdulden zu müssen, wenn sie stürben, und als ob sie unsterblich wären, wenn ihr sie nicht zum Tode verurteilt. Die hängen, wie mir scheint, der Stadt nur Schande an, und so könnte wohl auch mancher Ausländer mutmaßen, daß sich selbst hervorragend tüchtige Athener, [b] diejenigen, denen die eigenen Mitbürger bei den Ämtern und sonstigen Ehrenrechten den Vorzug geben, in nichts von Weibern unterscheiden. Dies also, ihr Männer von Athen, dürft weder ihr tun, die ihr doch einiges Ansehen genießt, noch dürft ihr's, wenn wir's versuchen, geschehen lassen; ihr müßt vielmehr zeigen, daß ihr jemanden, der solche Rührstücke aufführt und die Stadt damit lächerlich macht, weit eher verurteilt als den, der darauf verzichtet.

24. Abgesehen von unserem Rufe, ihr Männer, scheint es mir nicht recht zu sein, daß jemand seinen [c] Richter anfleht und, wenn er das tut, einen Freispruch erlangt: er soll beweisen und überzeugen. Denn nicht dazu ist der Richter eingesetzt, nach Willkür Recht zu sprechen, sondern dazu, ein gerechtes Urteil zu finden, und er hat geschworen, sein Amt nicht, wie es ihm beliebt, zum Zwecke der Begünstigung, sondern nach Maßgabe der Gesetze auszuüben. Folglich dürfen weder wir euch daran gewöhnen, euren Eid zu brechen, noch dürft ihr euch daran gewöhnen lassen; das wäre von keinem von uns recht getan. Mutet mir also nicht zu, ihr Männer von Athen, euch gegenüber zu tun, was ich weder für schön noch für gerecht noch für gottesfürchtig halte, [d] zumal ich ja doch – ist's möglich – von diesem Meletos wegen Gottlosigkeit angeklagt bin. Denn das ist klar: wenn ich euch zu beeinflussen suchte und durch Bittflehen nötigte, euren Eid zu verletzen, dann würde ich euch lehren, das Dasein von Göttern zu leugnen, und ich würde mich, indem ich mich verteidige, geradezu selbst bezichtigen, daß ich nicht an Götter glaube. Doch davon bin ich weit entfernt. Denn ich glaube an sie, ihr Männer von Athen, wie keiner meiner Ankläger, und ich stelle es euch und dem Gotte anheim, meinen Fall so zu entscheiden, wie es für mich und für euch das Beste ist.

---

25. [e] Wenn ich nicht darüber aufgebracht bin, ihr Männer von Athen, was jetzt eingetreten ist – daß ihr mich [36a] schuldig gesprochen habt –, so hat das neben anderen Umständen seinen Grund vor allem darin, daß mir das Ereignis nicht unerwartet kam; ich bin weit eher über das Verhältnis der Stimmenzahl erstaunt. Ich hatte nämlich nicht mit einer knappen, sondern mit einer reichlichen Mehrheit gerechnet. Jetzt aber hätten nur dreißig Stimmen anders ausfallen müssen, und ich wäre der Sache entronnen. Dem Meletos bin ich immerhin, möchte ich meinen, auch jetzt entronnen, und nicht nur entronnen: jedem ist ja klar, daß er, wenn nicht auch Anytos und Lykon als Ankläger gegen mich aufgetreten wären, tausend [b] Drachmen hätte zahlen müssen, weil er nicht einmal ein Fünftel der Stimmen bekommen hätte.[30]
26. Sein Antrag gegen mich lautet also auf die Todesstrafe. Meinetwegen. Und ich: was für einen Gegenantrag soll ich euch unterbreiten, ihr Männer von Athen? Doch gewiß einen angemessenen? Was also? Welche Strafe oder Buße ist für mich angemessen, der ich's mir einfallen ließ, mein Leben lang nicht Ruhe zu halten, der ich verachtete, was dem Haufen am Herzen liegt, Gelderwerb und geordnete Verhältnisse, Feldherrenstellen, Reden vor dem Volke oder irgendwelche anderen öffentlichen Aufgaben, oder auch die Teilnahme an den Gruppierungen und Parteiungen, wie sie unser

öffentliches Leben mit sich bringt, der ich glaubte, ich sei nun
wirklich zu sehr auf Gerechtigkeit aus, als daß ich [c] bei einer
derartigen Betätigung meine Haut retten könnte, der ich mich
auf nichts einließ, wo ich weder euch noch mir selber zu etwas
nutze gewesen wäre, der ich mich vielmehr bemühte, jedem
einzelnen, indem ich mich seiner annahm, die größte Wohltat
zu erweisen (wie ich jedenfalls glaube): ich wollte ja einen
jeden von euch dazu bringen, sich nicht eher um irgendeine
seiner Angelegenheiten zu kümmern, als bis er sich um sich
selbst gekümmert hätte, nämlich darum, möglichst gut und
vernünftig zu werden, und nicht eher um die Angelegenheiten der Stadt als um die Stadt selbst, und so auch um alles
andere in entsprechender Weise – was ist für mich, [d] für so
jemanden angemessen? Etwas Gutes, ihr Männer von Athen,
wenn denn schon etwas beantragt werden soll, das wahrhaft
angemessen ist, und zwar etwas Gutes, das ich gebrauchen
kann. Was aber kann ein armer Mann gebrauchen, ein Wohl-
täter, der Zeit haben muß, um euch ins Gewissen zu reden?
So jemand, ihr Männer von Athen, kann nichts so gut gebrauchen wie einen Freitisch im Prytaneion[31], viel besser, als
wenn einer von euch in Olympia mit dem Pferd, mit dem
Zwei- oder mit dem Viergespann einen Sieg errungen hat.
Denn der macht euch nur zum Scheine glücklich, ich aber
wirklich, und [e] der ist nicht auf Unterhalt angewiesen, ich
aber wohl. Wenn ich also etwas Angemessenes beantragen
soll, wie es recht und billig ist, dann [37a] beantrage ich dies:
einen Freitisch im Prytaneion.

27. Vielleicht glaubt ihr, daß ich jetzt aus ähnlichem Antrieb
so rede wie vorhin über das Jammern und Wehklagen: aus
Hochmut. Dem ist nicht so, ihr Männer von Athen, sondern
vielmehr so: Ich bin überzeugt, daß ich niemandem mit
Absicht Unrecht tue, doch hiervon kann ich euch nicht überzeugen – wir haben ja nur wenig Zeit, uns miteinander zu
unterhalten. Ich glaube indes, daß ihr, wenn es bei euch – wie
anderwärts[32] – ein Gesetz gäbe, wonach ihr die Todesstrafe
nicht schon [b] nach einem Gerichtstage verhängen dürftet,

sondern erst nach mehreren, euch überzeugen ließet; jetzt aber ist es keine Kleinigkeit, in der kurzen Zeit so schwere Verleumdungen zu widerlegen. Überzeugt, niemandem Unrecht zu tun, bin ich weit davon entfernt, mir selbst eins anzutun und gegen mich selbst auszusagen, daß für mich eine Strafe angemessen sei, und etwas derartiges gegen mich zu beantragen. Was soll ich denn fürchten? Daß mir widerfährt, was Meletos gegen mich beantragt hat, wovon ich, wie gesagt, nicht weiß, ob es ein Gut oder ein Übel ist? Soll ich mir statt dessen etwas aussuchen, wovon ich sehr wohl weiß, daß es ein Übel ist, und dies beantragen? Etwa Gefängnis? Und wozu [c] soll ich im Gefängnis mein Dasein fristen, als der Sklave der jeweils amtierenden Behörde, der Elfmänner[33]? Oder eine Geldbuße sowie Haft, bis ich sie erlegt habe? Doch das liefe für mich auf dasselbe hinaus wie das vorige: ich habe keine Mittel, die Buße zu erlegen. Soll ich also die Strafe der Verbannung beantragen? Denn diesem Antrag würdet ihr wohl stattgeben. Doch da müßte ich sehr an meinem Leben hängen, ihr Männer von Athen, wenn ich so gedankenlos wäre, nicht bedenken zu können, daß schon ihr, meine Mitbürger, nicht imstande gewesen seid, meine Reden [d] und Untersuchungen zu ertragen, daß sie euch vielmehr ziemlich beschwerlich und verhaßt geworden sind, so daß ihr jetzt versucht, sie euch vom Halse zu schaffen – und da sollten andere sie leichter ertragen? Keineswegs, ihr Männer von Athen. Ich hätte also ein herrliches Leben vor mir, wenn ich, ein so bejahrter Mann, von hier wegginge und von einer Stadt in die andere zöge und stets wieder fortgejagt würde. Ich weiß ja sehr wohl, daß, wohin ich auch komme, die jungen Leute meinen Reden werden zuhören wollen, wie hier. Und wenn ich sie abweise, dann werden sie selbst mich vertreiben, indem sie die Älteren um Zustimmung bitten; wenn [e] nicht, dann werden das um ihretwillen die Väter und Verwandten tun.

28. Da sagt vielleicht manch einer: »Kannst du denn nicht still und ruhig vor dich hin leben, Sokrates, wenn du in die Ver-

bannung gegangen bist?« Dies einigen von euch klarzumachen ist das Allerschwierigste. Wenn ich nämlich sage, dies
hieße dem Gott den Gehorsam verweigern und daher sei es
mir unmöglich, Ruhe zu geben, dann werdet ihr mir nicht
glauben, weil ihr denkt, ich scherzte. [38a] Wenn ich jedoch
sage, dies sei das größte Glück für einen Menschen, Tag für
Tag über den sittlichen Wert Gespräche zu führen und über
die anderen Dinge, über die ihr mich reden hört, indem ich
mich selbst und andere einer Prüfung unterziehe, und daß ein
Leben ohne Prüfung für den Menschen nicht lebenswert sei,
dann werdet ihr meinen Reden noch weniger Glauben schen-
ken. Es verhält sich zwar so, wie ich sage, ihr Männer; doch
andere davon zu überzeugen ist nicht leicht.

Außerdem bin ich's nicht gewohnt, gegen mich selbst irgendeine Strafe festzusetzen. Wenn ich Geld hätte, dann würde
ich immerhin [b] eine Summe Geldes beantragen, die ich zu
zahlen imstande wäre: das würde mir nicht weiter weh tun.
Doch das ist unmöglich – es sei denn, ihr wäret bereit, mir den
Betrag, den ich zahlen könnte, aufzuerlegen. Ich könnte euch
wohl eine Silbermine[34] zahlen; auf diese Summe lautet daher
mein Antrag. Doch unser Platon dort, ihr Männer von
Athen, und Kriton und Kritobulos und Apollodoros[35] raten
mir, dreißig Minen gegen mich zu beantragen; sie ihrerseits
wollten dafür bürgen. So lautet denn mein Antrag auf diese
Summe, und hierfür stehen euch die Genannten als hinläng-
lich geeignete [c] Bürgen zur Verfügung.

---

29. Einer nicht sehr langen Zeit wegen, ihr Männer von
Athen, werden euch diejenigen, die unserer Stadt gern etwas
anhängen, nachsagen und vorwerfen, ihr hättet Sokrates
umgebracht, einen weisen Mann – sie werden nämlich
behaupten, daß ich weise sei, auch wenn ich es gar nicht bin,
da sie euch herabsetzen wollen. Ihr hättet nur eine kurze Zeit
zu warten brauchen, dann wäre euer Wunsch von selbst in
Erfüllung gegangen. Ihr seht ja mein Alter: es ist weit fortge-

schritten auf der Bahn des Lebens und dem Tode schon nahe. Ich sage das nicht zu euch allen, sondern nur zu denen, [d] die mich zum Tode verurteilt haben.

Und zu denselben Leuten möchte ich auch noch folgendes sagen: ihr meint vielleicht, ihr Männer von Athen, ich sei aus Mangel an Worten erlegen, an Worten, mit denen ich euch überzeugt hätte, wenn ich geglaubt hätte, alles tun und sagen zu müssen, um nur der Bestrafung zu entrinnen. Keineswegs. Wegen eines Mangels bin ich allerdings erlegen, aber nicht an Worten, sondern an Dreistigkeit und Unverschämtheit und an Bereitschaft, euch zu sagen, was ihr am liebsten gehört hättet – indem ich gezetert und geklagt und vieles andere getan und [e] gesagt hätte, was, wie ich glaube, meiner unwürdig ist, was ihr jedoch gewöhnlich von den anderen zu hören bekommt. Ich habe indes weder vorhin geglaubt, mich wegen der Schwierigkeit meiner Lage aufführen zu dürfen, wie es eines freien Mannes nicht würdig ist, noch bereue ich jetzt, mich so verteidigt zu haben; ich halte es vielmehr für weit besser, mit dieser Art von Verteidigung den Tod zu erwirken als mit jener das Leben. Denn weder vor Gericht noch im Kriege darf ich oder sonstwer [39a] sich dahin bringen lassen, daß er alles tut, um dem Tode zu entrinnen. In der Schlacht zeigt sich ja oft, daß jemand lebend davonkommt, wenn er die Waffen wegwirft und sich bittflehend an seine Verfolger wendet, und es gibt noch vielerlei andere Auswege, in jeder Art von Gefahr dem Tode zu entrinnen, wenn man vor keiner Tat und keinem Wort zurückschreckt. Doch nicht dies ist schwierig, ihr Männer, die Vermeidung des Todes, sondern noch weit mehr die der Schlechtigkeit; die kann nämlich schneller laufen als der Tod. Und [b] jetzt hat mich, der ich langsam bin und alt, die langsamere Gefahr eingeholt, meine Ankläger hingegen, die ja kräftig und behende sind, die schnellere, die Schlechtigkeit. Und so gehen wir jetzt von dannen: ich von euch des Todes, sie aber von der Wahrheit der Niedertracht und Ungerechtigkeit für schuldig befunden. Und ich gebe mich mit diesem Urteil zufrieden, genau wie sie. Das hat wohl so kommen sollen, und ich glaube, daß es gut so ist.

30. Jetzt möchte ich euch [c] prophezeien, wie es weitergehen wird, ihr, die ihr mich verurteilt habt; ich bin ja nunmehr dort angelangt, wo die Menschen am ehesten zu prophezeien geneigt sind: wenn sie sterben sollen. So sage ich euch denn, ihr Männer, die ihr mich dem Tode überantwortet habt: auf euch wartet, sobald ich gestorben bin, eine Strafe, die viel härter ist, beim Zeus, als die, der ihr mich überantwortet habt. Ihr habt jetzt so gehandelt, weil ihr glaubtet, ihr würdet euch dann nicht mehr wegen eurer Lebensführung ausfragen lassen müssen – da wird es euch ganz anders ergehen, sag' ich euch. Es werden noch mehr kommen, die euch ausfragen, die ich bislang zurückgehalten habe, so daß ihr [d] nichts merken konntet. Und sie werden um so hartnäckiger sein, je jünger sie sind, und ihr werdet euch noch mehr ärgern. Wenn ihr nämlich glaubt, ihr könntet, indem ihr Menschen tötet, verhindern, daß man euch Vorwürfe macht, weil ihr nicht richtig lebt, dann urteilt ihr verkehrt. Denn diese Art der Bereinigung ist gänzlich undurchführbar und auch nicht schön; die schönste und leichteste ist vielmehr die, andere unbehelligt zu lassen und sich selbst so voranzubringen, daß man möglichst gut wird. Dies ist's, was ich euch, die ihr mich verurteilt habt, voraussage, und damit [e] nehme ich Abschied von euch.

31. Mit denen aber, die für meine Freisprechung gestimmt haben, möchte ich mich gern über das, was hier geschehen ist, unterhalten, solange die Beamten mit anderem beschäftigt sind und ich noch nicht dorthin gehen kann, wo ich sterben soll. Bleibt also, ihr Männer, unterdessen hier bei mir. Nichts hindert ja, daß man miteinander seine Gedanken austauscht, solange es erlaubt ist. Euch, als [40a] meinen Freunden, möchte ich nämlich zeigen, welchen Sinn ich in dem sehe, was mir hier widerfahren ist. Denn mir, ihr Richter (euch kann ich ja mit Fug und Recht als Richter bezeichnen[36]), ist es eigenartig ergangen. Die weissagende Stimme, die sich sonst gewöhnlich in mir regt, die dämonische, hat sich in der gan-

zen früheren Zeit sehr oft und auch bei ganz unwichtigen
Dingen bemerkbar gemacht, wenn ich im Begriff stand, etwas
Verkehrtes zu tun. Nun ist mir zugestoßen (wie ihr ja selbst
seht), wovon man glauben möchte und auch allgemein
glaubt, daß es das schlimmste Übel sei. Mir aber ist weder
heute früh, als ich [b] das Haus verließ, das göttliche Zeichen
in den Weg getreten, noch als ich hierher ins Gerichtsgebäude
ging, noch auch während meiner Rede, wenn mir irgend
etwas auf der Zunge lag. Dabei hielt es mich bei anderen
Reden vielfach mitten im Satze zurück; jetzt aber, während
des Prozesses, ist es mir nirgends in den Weg getreten, bei
keiner Handlung und bei keinem Wort. Worauf ich das
zurückführe? Ich will's euch sagen: offenbar ist das, was mir
zugestoßen ist, etwas Gutes, und es ist unmöglich, daß wir
richtig urteilen, wenn wir glauben, [c] das Sterben sei ein
Übel. Hierfür ist mir ein gewichtiger Beweis zuteil geworden; denn mir wäre ganz gewiß das gewohnte Zeichen in den
Weg getreten, wenn das, was ich vorhatte, nicht gut gewesen
wäre.

32. Laßt uns auch auf folgende Weise bedenken, wie groß die
Hoffnung ist, daß es sich um etwas Gutes handelt. Denn von
zwei Dingen kann das Sterben nur eines sein; entweder nämlich ist es eine Art Nichtsein, so daß der Verstorbene auch
keinerlei Empfindung mehr von irgend etwas hat, oder es
findet, wie ja behauptet wird, eine Art Übergang und Über-
siedelung der Seele statt: von dem Orte hier an einen anderen
Ort. Und wenn nun keinerlei Empfindung mehr vorhanden
ist, sondern [d] eine Art Schlaf, worin der Schlummernde
keinerlei Träume hat, dann wäre der Tod ein wunderbarer
Gewinn. Denn ich möchte annehmen, wenn jemand die
Nacht, in der er so gut schlafen konnte, daß er keinerlei
Träume hatte, heraussuchen und wenn er dann die anderen
Nächte und Tage seines Lebens mit dieser Nacht vergleichen
und nach genauer Prüfung sagen sollte, an wie vielen Tagen
und Nächten in seinem Leben er besser und angenehmer
gelebt hat als in dieser Nacht – dann, möchte ich annehmen,

wird nicht nur irgendein gewöhnlicher Bürger, sondern
selbst der Großkönig[37] [e] finden, daß diese Tage und Nächte
rasch gezählt sind im Vergleich zu den übrigen. Wenn nun
der Tod so etwas ist, dann nenne ich ihn einen Gewinn; denn
die ganze Folge der Zeit erscheint uns dann nicht länger als
eine einzige Nacht.

Wenn jedoch der Tod eine Art Reise von hier an einen anderen Ort ist und wenn zutrifft, was erzählt wird, daß sich dort
alle Verstorbenen befinden, gibt es dann wohl ein Gut, das
größer wäre als dies, ihr Richter? Wenn man nämlich im
Hades eintrifft und nunmehr, befreit von den Richtern, [41a]
die sich hier so nennen, auf die wahren Richter trifft, die dort,
wie es heißt, Recht sprechen, auf Minos und Rhadamanthys
und Aiakos und Triptolemos[38] und alle die anderen Halbgötter, die sich in ihrem Leben als gerecht erwiesen haben, wäre
das etwa eine üble Reise? Oder um mit Orpheus zusammenzusein und mit Musaios und Hesiod und Homer:[39] was
würde wohl jemand von euch dafür geben? Ich jedenfalls bin
bereit, oft zu sterben, wenn das wahr ist. Denn gerade für
mich wäre der Aufenthalt dort wunderbar: [b] wenn ich Palamedes träfe und Ajas den Telamonier[40] und wer sonst noch
aus der Vorzeit durch ein ungerechtes Urteil ums Leben kam,
und wenn ich dann mein Schicksal mit ihrem vergliche – das
wäre, glaube ich, ganz und gar nicht unangenehm. Schließlich
die Hauptsache: ich könnte die Leute dort ständig prüfen und
ausfragen – wie die hiesigen –, wer von ihnen weise ist und
wer sich dafür hält, ohne es zu sein. Was würde wohl jemand
dafür geben, ihr Richter, wenn er den Mann prüfen könnte,
der das große Heer nach Troja geführt hat, oder Odysseus
oder [c] Sisyphos[41] oder unzählige Männer und Frauen, die
man sonst noch nennen könnte, bei denen es ein ungeheures
Glück wäre, mit ihnen zu reden und zusammenzusein und sie
zu prüfen? Gewiß aber bringen die Leute dort deswegen niemanden um. Sie sind ja auch sonst besser dran als die hiesigen
und außerdem für alle weitere Zeit unsterblich, wenn zutrifft,
was über sie berichtet wird.

33. Doch auch ihr dürft, ihr Richter, was den Tod betrifft, zuversichtlich sein und diese eine Tatsache für wahr halten, daß einem [d] guten Menschen kein Übel widerfahren kann, weder im Leben noch nach dem Tode, und daß seine Angelegenheiten den Göttern nicht gleichgültig sind. Auch mir ist mein Los nicht von ungefähr zuteil geworden; ich bin vielmehr überzeugt, daß es das Beste für mich war, jetzt zu sterben und aller Mühsal überhoben zu sein. Eben deshalb hat mich auch das Zeichen nie zurückgehalten, und ich wiederum bin den Leuten, die mich verurteilt haben, und meinen Anklägern nicht einmal sonderlich böse. Allerdings haben sie mich nicht in dieser Absicht verurteilt und angeklagt, sondern in der Meinung, mir zu schaden; das [e] darf nicht ungerügt bleiben.

Um eines aber bitte ich sie noch: übt an meinen Söhnen, wenn sie herangewachsen sind, Vergeltung, ihr Männer, indem ihr ihnen in derselben Weise zur Last fallt, wie ich euch zur Last gefallen bin: sobald ihr den Eindruck gewinnt, daß sie sich um Geld oder irgend etwas anderes mehr kümmern als um Tugend, und sobald sie etwas zu sein beanspruchen, was sie nicht sind, dann macht ihnen Vorwürfe wie ich euch, weil sie sich nicht um die richtigen Dinge kümmern und glauben, sie wären etwas, obwohl sie Nichtsnutze sind. Und wenn ihr das tut, dann laßt ihr mir Recht [42a] widerfahren, mir selbst und meinen Söhnen.

Doch jetzt ist's Zeit fortzugehen: für mich, um zu sterben, für euch, um zu leben. Wer von uns dem besseren Los entgegengeht, ist uns allen unbekannt – das weiß nur Gott.

Kriton

Sokrates. Kriton.

1. [43a] *Sokrates.* Was kommst du schon um diese Zeit, Kriton? Oder ist es nicht mehr früh?

Kriton. Ja, sehr früh.

Sokrates. Welche Zeit ungefähr?

Kriton. Noch tiefe Dämmerung.

Sokrates. Ich wundere mich, daß der Gefängniswärter bereit war, dir zu Diensten zu sein.

Kriton. Er kennt mich schon gut, Sokrates, weil ich mich ja oft hier einfinde, und ich habe mich ihm ein wenig erkenntlich gezeigt.

Sokrates. Bist du eben erst gekommen oder schon vor längerem?

Kriton. Vor ziemlich langer Zeit.

Sokrates. Warum hast du mich dann [b] nicht sofort aufgeweckt, statt still dazusitzen?

Kriton. Nein, bei Gott, Sokrates, ich möchte selber nicht soviel Grund zu Schlaflosigkeit und Kummer haben – doch bei dir wundere ich mich schon lange, wenn ich sehe, wie angenehm du schläfst. Und ich habe dich mit Bedacht nicht aufgeweckt, weil du's so angenehm wie möglich haben solltest. Oft genug habe ich dich unser ganzes Leben lang auch früher schon deiner Haltung wegen für beneidenswert gehalten, doch am allermeisten tue ich's jetzt bei dem Unglück, das dir bevorsteht: wie leicht und gelassen du es hinnimmst.

Sokrates. Es wäre ja auch sonderbar, Kriton, aufzubegehren, wenn man in solchem Alter endlich [c] sterben muß.

Kriton. Auch andere, Sokrates, werden in solchem Alter von einem derartigen Unglück ereilt, doch ihr Alter hält sie nicht im geringsten davon ab, gegen ihr Geschick aufzubegehren.

Sokrates. Ja, so ist's. Doch warum kommst du so früh?

Kriton. Um dir eine schlimme Nachricht zu bringen, Sokrates, nicht für dich, wie ich meinen möchte – doch für mich und für alle deine Freunde ist sie schlimm und bedrückend; mich bedrückt sie wohl, wie ich glaube, am allermeisten.

Sokrates. Was für eine Nachricht? Ist etwa das Schiff aus Delos angekommen, nach dessen [d] Ankunft ich sterben muß?[1]

Kriton. Noch ist es nicht da, doch wird es wohl heute eintreffen – nach den Reden von Leuten, die von Sunion[2] kommen und die dort ausgestiegen sind. Hieraus geht hervor, daß es heute noch eintrifft, und so wird mit Notwendigkeit, Sokrates, morgen dein Leben enden.

2. *Sokrates.* Nun, Kriton, Heil und Segen: wenn's die Götter so wünschen, dann soll es so sein. Trotzdem glaube ich nicht, daß das Schiff [44a] heute noch eintrifft.

Kriton. Wie kommst du zu dieser Annahme?

Sokrates. Ich will's dir verraten. Ich muß ja wohl am folgenden Tage sterben, nachdem das Schiff eingetroffen ist.

Kriton. Das sagen jedenfalls die hierfür Verantwortlichen.

Sokrates. Ich glaube aber nicht, daß es schon am heutigen Tage eintreffen wird, sondern erst morgen. Ich schließe das aus einem Traum, der mir vor kurzem in dieser Nacht erschienen ist. Offenbar hast du mich in einem günstigen Augenblick noch etwas schlafen lassen.

Kriton. Was war das für ein Traum?

Sokrates. Eine Frau, die an mich herantrat, schön und wohlgestaltet, in einem weißen Gewande, schien mich anzusprechen [b] und zu sagen:

»Sokrates,
    wirst wohl am dritten Tag erst zum fruchtbaren Phthia
                                              gelangen.«[3]

Kriton. Ein sonderbarer Traum, Sokrates.

Sokrates. Doch deutlich, wie ich meinen möchte, Kriton.

3. *Kriton.* Nur allzusehr, allem Anschein nach. Trotzdem, Sokrates, du unbegreiflicher Mensch: folge mir noch jetzt

und bringe dich in Sicherheit. Mir stößt ja, wenn du stirbst, nicht nur *ein* Unglück zu; denn abgesehen davon, daß ich eines Freundes verlustig gehe, wie ich nie einen wiederfinden werde, muß ich bei vielen, die mich und dich nicht genau kennen, die Meinung hervorrufen, daß ich, wiewohl imstande, [c] dich zu retten, wenn ich nur hätte Geld ausgeben wollen, untätig geblieben sei. Und welche Meinung wäre wohl schändlicher als die: daß man sein Geld höher achte als seine Freunde? Denn die Menge wird nicht glauben, daß du nicht von hier habest weggehen wollen, obwohl wir dich dazu drängten.

Sokrates. Doch wozu, redlicher Kriton, sollen wir uns derart um die Meinung der Menge kümmern? Denn die wirklich vernünftigen Leute, auf die man mehr Rücksicht nehmen muß, werden glauben, daß sich alles so zugetragen habe, wie es sich wirklich zugetragen hat.

Kriton. Aber du siehst doch, daß es nötig ist, [d] Sokrates, sich auch um die Meinung der Menge zu kümmern. Gerade die gegenwärtigen Ereignisse zeigen ja, daß die Menge imstande ist, nicht die geringsten Übel durchzusetzen, sondern so ziemlich die allerschlimmsten, wenn jemand bei ihr in schlechtem Rufe steht.

Sokrates. Wäre die Menge doch nur imstande, Kriton, die schlimmsten Übel durchzusetzen, damit sie's auch bei den größten Gütern wäre – dann könnte man zufrieden sein. Nun ist sie zu keinem von beidem imstande; sie ist ja unfähig, irgend etwas Vernünftiges oder Unvernünftiges zu tun, und sie tut, was ihr gerade einfällt.

4. *Kriton.* Das mag sich wohl [e] so verhalten. Doch sag mir dies, Sokrates. Hast du etwa Bedenken um meinet- und um der anderen Freunde willen, daß uns, wenn du von hier weggehst, die Denunzianten in Schwierigkeiten bringen, da wir dich von hier entführt hätten, und daß man uns zwingt, unser ganzes Vermögen dranzugeben oder jedenfalls eine große Summe, und außerdem noch eine andere Strafe zu erdulden? Wenn du nämlich so etwas [45a] befürchtest, dann laß das

bleiben; wir sind ja doch wohl verpflichtet, diese Gefahr auf uns zu nehmen, indem wir dich in Sicherheit bringen, und wäre es noch etwas Schlimmeres als dies. Hör also auf mich und denke an nichts andres mehr.

Sokrates. Ich habe sowohl deswegen Bedenken, Kriton, als auch aus anderen Gründen.

Kriton. Befürchte das nicht; denn groß ist die Summe nicht, für die bestimmte Leute dich in Sicherheit bringen und von hier wegschaffen wollen. Ferner: siehst du nicht, wie leicht diese Denunzianten käuflich sind, und daß man für sie nur eine kleine Summe benötigen würde? Dir steht [b] mein Geld zur Verfügung; das ist, wie ich glaube, genug. Außerdem, wenn du aus Rücksicht auf mich glaubst, du dürfest mein Geld nicht ausgeben: unsere Gastfreunde hier sind bereit, es auszugeben. Einer hat sogar zu eben diesem Zweck eine hinlängliche Summe mitgebracht: Simmias aus Theben; bereit ist aber auch Kebes und viele andere.[4] Daher, wie ich schon sagte, nimm nicht, weil du dies befürchtest, davon Abstand, dich in Sicherheit zu bringen, noch sollst du dir darüber Gedanken machen, was du vor Gericht erwähntest: daß du nicht wüßtest, was du, wenn du weggingst, mit dir anfangen solltest. Denn auch an vielen anderen Orten, die du vielleicht aufsuchen willst, [c] wird man dich freundlich empfangen. Wenn du aber nach Thessalien gehen möchtest: ich habe dort Freunde, die sich deiner annehmen und auf deine Sicherheit bedacht sein werden, so daß dir in Thessalien niemand etwas antun kann.

5. Außerdem glaube ich, Sokrates, daß du im Begriff stehst, etwas Unrechtes zu tun: dich selbst preiszugeben, obwohl du dich in Sicherheit bringen kannst, und du legst es darauf an, daß dir das zustößt, worauf es auch deine Feinde anlegen und schon angelegt haben – sie, die dich verderben wollen. Überdies glaube ich, daß du auch deine eigenen Kinder preisgibst, die du, obwohl du für ihre [d] Aufzucht und Ausbildung sorgen könntest, bei deinem Fortgang im Stich lassen würdest – und es wird ihnen, soviel an dir liegt, gehen, wie's der

Zufall will. Der Zufall aber wird ihnen wahrscheinlich eben das bringen, was den Waisen in den Waisenhäusern zu widerfahren pflegt. Man muß nämlich entweder auf Kinder verzichten oder ihre Aufzucht und Ausbildung zu Ende führen; du aber wählst, glaube ich, den bequemsten Weg. Du mußt jedoch das wählen, was ein anständiger und mutiger Mann wählen würde, zumal wenn er behauptet, daß er sich in seinem ganzen Leben um feste Grundsätze bemüht. Daher schäme ich mich um deinet- und um [e] unsretwillen, die wir deine Freunde sind; es könnte so aussehen, als habe sich die ganze Geschichte mit dir wegen einer Art von Feigheit unsrerseits so abgespielt: das Zustandekommen der Klage vor Gericht, die zustande kam, obwohl sie nicht hätte zustande kommen müssen,[5] und auch die Verhandlung der Klage, wie sie verlaufen ist, und schließlich scheint uns dies hier, wie ein Hohn auf die ganze Sache, wegen unserer Untüchtigkeit und Feigheit [46a] entglitten zu sein, da wir dich nicht in Sicherheit gebracht haben, und du nicht dich selbst, obwohl das möglich und durchführbar gewesen wäre, wenn wir nur ein bißchen was getaugt hätten. Dies alles, Sokrates, ist doch gewiß nicht nur schlimm, sondern auch schändlich – für dich wie für uns. Entschließe dich also, oder besser: dafür ist gar keine Zeit mehr, dein Entschluß muß schon gefaßt sein, und da gibt es nur einen. Denn in der kommenden Nacht muß dies alles passiert sein; wenn wir noch warten, dann ist es unmöglich und nicht mehr durchzuführen. Also, Sokrates, befolge unter allen Umständen meinen Rat und tu ja nicht etwas anderes.

6. *Sokrates.* Mein [b] lieber Kriton, deine Hilfsbereitschaft ist viel wert – wenn es nur einige Richtigkeit damit hat: wenn nicht, dann ist sie je größer, desto peinlicher. Wir müssen also prüfen, ob wir dies tun sollen oder nicht. Ich halte es ja nicht erst jetzt, sondern schon immer so, daß ich nichts anderem in mir folge als dem Gedanken, der sich mir beim Nachdenken als der beste erweist. Und die Gedanken, die ich früher ausgesprochen habe, kann ich jetzt nicht von mir werfen, nur weil mir dieses Mißgeschick zugestoßen ist; sie kommen mir vielmehr im wesentlichen noch ebenso vor, und ich schätze [c] und achte sie ebenso wie früher. Wenn wir jetzt nichts Besseres vorzubringen wissen als sie, dann sei überzeugt, daß ich dir nicht nachgeben werde, auch nicht, wenn die Macht der Menge uns wie Kindern mit noch Schlimmerem als bisher Angst einzujagen sucht, indem sie uns Kerker- und Todesstrafen und Vermögenseinziehungen auf den Hals schickt.

Wie können wir das am passendsten untersuchen? Vielleicht wenden wir uns zuerst dem Gedanken zu, auf den du dich berufst: dem von den Meinungen. Haben wir mit Recht immer wieder gesagt oder nicht, daß man bestimmte Meinungen beachten solle, [d] andere hingegen nicht? Oder haben wir das mit Recht gesagt, ehe feststand, daß ich bald sterben müsse, während sich jetzt herausstellt, daß wir das bloß gesagt haben, um irgend etwas zu sagen, daß es in Wahrheit nichts war als Kinderei und Geschwätz? Ich möchte gemeinsam mit dir untersuchen, Kriton, ob dieser Gedanke jetzt in einem anderen Lichte erscheint, nachdem es mir so ergangen ist, oder noch in demselben, und ob wir ihn fallen lassen oder ihn befolgen sollen. Es wurde ja wohl, denke ich, immer wieder dies von denen gesagt, die etwas zu sagen glaubten, was ich soeben sagte: daß man von den Meinungen, die unter den Menschen verbreitet sind, die einen [e] sehr ernstnehmen solle, die anderen hingegen nicht. Bei den Göttern, Kriton, was glaubst du: sagt man das nicht mit Recht? Denn du brauchst nach menschlichem Ermessen nicht zu befürchten, [47a] daß du morgen sterben mußt, und so kann dich dies Unglück hier nicht irremachen. Sieh also zu: glaubst du, es sei richtig zu sagen, daß man nicht alle Meinungen der Menschen achten müsse, sondern nur bestimmte, andere hingegen nicht, und auch nicht die von jedermann, sondern nur die von einigen, die von anderen jedoch nicht? Was meinst du? Sagt man das nicht mit Recht?

Kriton. Gewiß.

Sokrates. Muß man nicht die brauchbaren achten, die verkehrten aber nicht?

Kriton. Ja.

Sokrates. Brauchbar sind die der Vernünftigen, verkehrt die der Unvernünftigen, nicht wahr?

Kriton. So ist es.

7. *Sokrates.* Gut, und was bedeutete es, wenn wir folgendes sagten: [b] Wird jemand, der Sport treibt, und zwar ernsthaft, jedermanns Lob und Tadel und Meinung beachten, oder nur die des einen, der Arzt oder Sportlehrer ist?

Kriton. Nur die des einen.

Sokrates. Fürchten muß er sich also vor dem Tadel und sich freuen über das Lob jenes einen – nicht der Menge.

Kriton. Offensichtlich.

Sokrates. So also muß er sich betätigen und Sport treiben und essen und trinken, wie es der eine für richtig hält, der Fachmann und Sachverständige, nicht wie alle die andern.

Kriton. Das stimmt.

Sokrates. Schön. Wenn er nun nicht dem einen folgen will und [c] seine Meinung und sein Lob mißachtet, statt dessen aber das der Menge achtet, die nichts von der Sache versteht: wird es ihm dann nicht schlimm ergehen?

Kriton. Allerdings.

Sokrates. Was ist nun dieses Schlimme, und worauf bezieht es sich: auf welchen Teil dessen, der nicht folgen will?

Kriton. Offensichtlich auf den Körper; denn den ruiniert er.

Sokrates. Richtig. Verhält es sich nicht auch bei den anderen Dingen so, Kriton, damit wir nicht alles einzeln durchgehen müssen: beim Gerechten und Ungerechten, beim Häßlichen und Schönen, beim Guten und Schlechten, worüber wir jetzt nachdenken: sollen wir auf die Meinung der Menge [d] hören und uns vor ihr fürchten oder auf die des einen, wenn jemand etwas davon versteht – vor dem man sich mehr schämen und fürchten muß als vor allen anderen? Und wenn wir dem nicht Folge leisten, dann ruinieren und schänden wir dasjenige, das durch das Gerechte gebessert und durch das Ungerechte zugrunde gerichtet wird. Oder gibt es das nicht?

Kriton. Ich meine schon, Sokrates.

8. *Sokrates.* Gut – wenn wir nun dasjenige, das vom Gesunden gebessert, vom Kranken jedoch ruiniert wird, zugrunde richten, indem wir nicht die Meinung der Sachverständigen befolgen, lohnt es sich für uns dann noch zu leben, [e] wenn es erst ruiniert ist? Das ist doch wohl der Körper – oder nicht?

Kriton. Ja.

Sokrates. Und lohnt es sich für uns noch zu leben: mit einem elenden und ruinierten Körper?

Kriton. Keinesfalls.

Sokrates. Lohnt es sich nun noch zu leben, wenn das ruiniert ist, dem das Ungerechte Schande antut und das Gerechte nützt? Oder halten wir das für geringwertiger als den Körper, was für ein Teil von uns das auch sein mag, [48a] zu dessen Bereich die Ungerechtigkeit und die Gerechtigkeit gehört?

Kriton. Keinesfalls.

Sokrates. Sondern für wertvoller?

Kriton. Bei weitem.

Sokrates. Folglich, mein Bester, haben wir uns durchaus nicht so sehr um die Meinung der Menge zu kümmern, was sie von uns sagen wird, sondern vielmehr um den Sachverständigen für das Gerechte und das Ungerechte, um den einen und um die Wahrheit selber. Demnach machst du schon am Anfang einen unrichtigen Vorschlag, indem du vorschlägst, wir sollten uns um die Meinung der Menge kümmern, was sie vom Gerechten, vom Schönen und Guten und von deren Gegenteil hält. »Aber«, könnte man einwenden, »die Menge ist immerhin imstande, uns [b] zu töten.«

Kriton. So ist's ganz offensichtlich: dies könnte man einwenden, Sokrates, du hast recht.

Sokrates. Aber, du sonderbarer Mensch, von diesem Gedanken, den wir bisher besprochen haben, kommt es mir so vor, als sei er noch derselbe wie früher. Prüfe nun auch den folgenden, ob er uns noch bestehen bleibt oder nicht: daß man nicht einfach dem Leben den größten Wert beimessen soll, sondern dem Recht-Leben.

Kriton. Ja, der bleibt bestehen.

9. *Sokrates.* Dann müssen wir also – da wir hierin übereinstimmen – untersuchen, ob es gerecht ist, wenn ich von hier ohne [c] Erlaubnis der Athener wegzugehen versuche, oder ungerecht. Und wenn es sich als gerecht erweist, dann wollen wir's versuchen, wenn aber nicht, dann lassen wir's. Doch die Gesichtspunkte, die du nennst – die des Geldausgebens, der üblen Meinung und der Kinderaufzucht –, die sind ja wohl wirklich Gesichtspunkte derer, Kriton, die leichten Sinnes den Tod verhängen und gewiß ihr Opfer wieder ins Leben zurückriefen, wenn sie dazu imstande wären, ohne Sinn und Verstand, Gesichtspunkte der Menge? Wir aber haben, da uns der Gedanke so lenkt, nichts anderes zu prüfen, als was wir soeben sagten: ob wir gerecht handeln, wenn wir denen Geld zahlen, die mich [d] von hier wegschaffen, und noch Dank wissen dazu – indem wir das Wegschaffen selber betreiben und uns wegschaffen lassen –, oder ob wir uns in Wahrheit ins Unrecht setzen, wenn wir all das tun. Und wenn sich herausstellt, daß wir damit ein Unrecht begingen, dann dürfen wir ganz gewiß nicht in Betracht ziehen, daß wir, wenn wir hier bleiben und nichts unternehmen, sterben oder sonst etwas erleiden müssen – wenn wir nur kein Unrecht begehen.

Kriton. Du hast wohl recht, Sokrates; sieh zu, wie wir jetzt vorgehen sollen.

Sokrates. Wir wollen die Sache gemeinsam untersuchen, mein Bester, und wenn du etwas widerlegen kannst von dem, was ich sage, dann widerlege es, und ich werde dir folgen. Wenn [e] du das nicht kannst, dann höre endlich auf, du Redlicher, mir immer wieder mit demselben Gedanken zu kommen, daß ich gegen den Willen der Athener von hier weggehen soll. Denn ich lege großen Wert darauf, mich mit deinem Einverständnis so zu verhalten, und nicht gegen deinen Willen. Faß jetzt den Anfang der Untersuchung ins Auge, ob meine Worte dich befriedigen, und versuche, mir [49a] auf meine Fragen nach bestem Wissen zu antworten.

Kriton. Ja, das will ich tun.

10. *Sokrates.* Wir behaupten doch, man dürfe in keinem Falle willentlich Unrecht tun,[6] oder darf man's in dem einen Falle wohl, in dem andern nicht? Oder ist das Unrechttun unter keinen Umständen etwas Gutes oder Schönes, wie wir in der früheren Zeit schon oft übereinstimmend festgestellt haben? Oder sind alle unsere früheren Feststellungen in diesen wenigen Tagen zu nichts zerronnen, und haben wir, Kriton, in unserem hohen Alter seit langem ernsthafte [b] Reden miteinander geführt, ohne gewahr zu werden, daß wir uns in nichts von Kindern unterscheiden? Oder bleibt unbedingt gültig, was wir damals gesagt haben? Ob die Menge nun ja dazu sagt oder nicht, und ob wir noch Schlimmeres erleiden müssen als dies hier oder auch weniger Schlimmes: das Unrechttun ist trotzdem für den, der es tut, in jedem Falle etwas Schlechtes und Häßliches – ja oder nein?[7]

Kriton. Ja.

Sokrates. Man darf also unter keinen Umständen Unrecht tun.

Kriton. Ganz gewiß nicht.

Sokrates. Man darf also auch nicht erlittenes Unrecht mit Unrecht vergelten, wie die Menge glaubt: da man ja unter keinen Umständen [c] Unrecht tun darf.

Kriton. Allem Anschein nach nicht.

Sokrates. Wie denn? Darf man Böses tun, Kriton, oder nicht?

Kriton. Keineswegs, Sokrates.

Sokrates. Wie nun: mit Bösem zu vergelten, was man Böses erlitten hat, wie's die Menge will, ist das gerecht oder ungerecht?

Kriton. Ganz gewiß ungerecht.

Sokrates. Denn den Menschen Böses tun heißt nichts anderes als ihnen Unrecht tun.

Kriton. Das ist wahr.

Sokrates. Man darf also kein Unrecht vergelten noch einem Menschen Böses tun, und wenn man noch so schwer von ihm zu leiden hatte. Und sieh dich vor, Kriton: wenn du hierin mit mir übereinstimmst, dann darfst du das nicht gegen [d] deine Überzeugung tun; denn ich weiß, daß nur wenige hiervon überzeugt sind, jetzt und in Zukunft. Zwischen denen aber, die diese Überzeugung haben, und denen, die sie nicht haben, gibt es keine Gemeinsamkeit des Standpunktes, und mit Notwendigkeit verachten sie einander, wenn sie ihre beiderseitigen Standpunkte betrachten. Sieh also ganz genau zu, ob du hier mitmachen kannst und derselben Meinung bist wie ich und wir bei unserer Beratung davon ausgehen dürfen, daß es niemals richtig ist, Unrecht zu tun oder Unrecht zu vergelten oder sich, wenn man Böses erlitten hat, zur Wehr zu setzen, indem man selbst wieder Böses tut – oder wirst du abtrünnig und machst du schon bei diesem Ausgangspunkt nicht mit? Denn ich [e] war schon immer davon überzeugt und bin es auch jetzt noch, doch du, wenn du eine andere Überzeugung hast: sprich und gib Auskunft. Wenn du aber an deiner früheren Ansicht festhältst, dann höre das weitere.

Kriton. Ich halte daran fest und bin derselben Meinung wie du. Fahre fort!

Sokrates. Ich will dir also das weitere sagen, oder vielmehr: ich frage dich. Man stimmt mit jemandem darin überein, daß etwas gerecht ist: soll man sich daran halten, oder darf man sich trügerisch darüber hinwegsetzen?

Kriton. Man soll sich daran halten.

11. *Sokrates.* Betrachte nun die Sache so: wenn wir von hier weggehen, ohne daß wir die [50a] Stadt für uns gewonnen haben, tun wir dann irgendwem Böses, und zwar gerade denen, die es am wenigsten verdient hätten, oder nicht? Und halten wir noch an dem fest, was, wie wir übereinstimmend festgestellt haben, gerecht ist, oder nicht?

Kriton. Ich kann deine Frage nicht beantworten, Sokrates: ich verstehe sie nicht.

Sokrates. Sieh dir die Sache so an. Gesetzt, wir wären willens, von hier davonzulaufen, oder wie man das nennen soll, und da kämen die Gesetze und das Gemeinwesen dieser Stadt, träten uns entgegen und fragten: »Sag uns, Sokrates, was hast

du im Sinne? Hat dein jetziges Vorhaben ein anderes Ziel, als
uns, die Gesetze, [b] zu vernichten, und mit uns die ganze
Stadt, soviel an dir liegt? Oder hältst du es für möglich, daß
eine Stadt bestehen bleibt und nicht untergeht, in der
Gerichtsurteile keine Geltung haben, in der sie vielmehr von
Privatpersonen ihrer Kraft beraubt und über den Haufen
geworfen werden?« – was würden wir antworten, Kriton: auf
diese und ähnliche Fragen? Denn mancherlei könnte jemand,
zumal ein Redner, zugunsten dieses zuschanden gemachten
Gesetzes vorbringen, das da anordnet, daß ergangene Gerichtsurteile in Kraft bleiben. Oder sollen wir diesen Leuten
sagen: [c] »Die Stadt hat uns doch Unrecht getan und den
Prozeß nicht richtig entschieden« – sollen wir das sagen, oder
was sonst?

Kriton. Genau dies, beim Zeus, mein Sokrates.

12. *Sokrates.* Wie aber, wenn die Gesetze so zu mir sprächen:
»Sokrates, ist *dies* die Übereinstimmung, die wir mit dir
erzielt haben, und nicht vielmehr, daß du dich den Urteilen
fügen werdest, welche die Stadt ergehen lasse?« Wenn wir uns
nun über ihre Worte wunderten, dann würden sie vielleicht
sagen: »Sokrates, wundere dich nicht über diese Worte, sondern antworte, da du ja auch die Gewohnheit hast, zu fragen
und dir antworten zu lassen. Also: was wirfst du [d] uns und
der Stadt vor, daß du versuchst, uns zuschanden zu machen?
Haben wir dich nicht überhaupt erst hervorgebracht, und hat
nicht mit unserer Hilfe dein Vater deine Mutter gefreit und
dich gezeugt? Sag uns also: hast du an diesem Teil von uns, an
den Bestimmungen über die Ehe, etwas auszusetzen, das
nicht richtig geregelt sei?«[8] »Nein, nichts«, würde ich antworten. »Aber etwa an den Bestimmungen über die Aufzucht
des Kindes, nachdem es geboren war, und über die Bildung,
die auch dir zuteil wurde? Oder war es nicht richtig, was
unsere hierfür maßgeblichen Bestimmungen angeordnet
haben: daß sie deinem Vater auftrugen, dich in den musischen
und gymnastischen Künsten bilden zu lassen?«[9] »Das war
richtig«, [e] würde ich antworten.

»Gut. Nachdem du nun geboren bist und man dich aufgezogen und ausgebildet hat, kannst du dann überhaupt noch bestreiten, daß du unser Abkömmling, ja Diener bist, wie es schon deine Vorfahren waren? Und wenn dem so ist, wie kannst du dann glauben, du stündest mit uns, was das Recht betrifft, auf gleichem Fuße, und was wir dir antun wollen, das seist du deinerseits berechtigt uns heimzuzahlen? Zwar stand dir deinem Vater gegenüber nicht das gleiche Recht zu, und nicht gegenüber deinem Herrn, falls du einen hattest, so daß du ihm, was du von ihm zu leiden hattest, nicht heimzahlen durftest – nicht böse Worte durch Widerreden, nicht [51a] Schläge durch Gegenwehr und auch nicht vieles andere dieser Art? Doch dem Vaterlande und den Gesetzen gegenüber soll dir das erlaubt sein, so daß du, wenn wir Anstalten machen, dich zu vernichten, weil wir das für gerecht halten, deinerseits Anstalten machst, uns, die Gesetze, und das Vaterland, soviel du kannst, durch Gegenmaßnahmen zu vernichten, und dazu noch sagst, du handeltest gerecht, wenn du das tätest, du, der du doch ganz bestimmt sittlichen Grundsätzen folgst? Oder blieb dir, einem Weisen von besonderer Art, verborgen, daß, im Vergleich zur Mutter und zum Vater und zu allen anderen Vorfahren, das Vaterland ehrwürdiger und erhabener und heiliger ist und [b] sowohl bei den Göttern als auch bei den Menschen, sofern sie Vernunft haben, in größerem Ansehen steht – und man muß das Vaterland hochachten und ihm, auch wenn es uns zürnt, mehr gehorchen und zu Diensten stehen als dem Vater; man muß es entweder für sich gewinnen oder befolgen, was es befiehlt, und gelassen ertragen, was es zu ertragen gebietet: ob es Schläge oder Fesseln auferlegt oder ob es uns in den Krieg schickt, Verwundungen oder den Tod zu erleiden, wir müssen dies alles befolgen, und das ist wahrhaft gerecht – und man darf nicht wanken noch weichen noch den Kampfplatz verlassen, sondern muß im Kriege und vor Gericht und allerorten befolgen, was die [c] Stadt und das Vaterland befehlen, oder sie davon überzeugen, was wirklich gerecht ist.[10] Doch Gewalt zu gebrauchen wäre

nicht statthaft: schon gegenüber der Mutter und dem Vater
nicht, und noch viel weniger gegenüber dem Vaterlande!«
Was wollen wir dazu sagen, Kriton? Daß die Gesetze die
Wahrheit sprechen oder nicht?

Kriton. Ich meine: ja.

13. *Sokrates.* »Sieh nun zu, Sokrates«, würden die Gesetze
wohl fortfahren, »ob wir die Wahrheit sagen, wenn wir
meinen, daß du Anstalten machst, uns Unrecht zu tun mit
dem, was du jetzt tun willst. Denn wir, die wir dich hervorgebracht, aufgezogen und ausgebildet, die wir dir,
soviel wir konnten, Anteil an allem Schönen gegeben
haben, und [d] ebenso deinen sämtlichen Mitbürgern: wir
haben trotzdem jedem Athener, der will, ausdrücklich frei-
gestellt, er möge, sobald er in die Bürgerliste aufgenommen
ist und die Verhältnisse in der Stadt und uns, die Gesetze,
kennengelernt hat,[11] mitsamt seiner Habe davonziehen,
wohin es ihm beliebt, wenn er mit uns nicht zufrieden ist.[12]
Und keins von uns, den Gesetzen, steht jemandem von
euch im Wege oder verbietet ihm – sei es daß er in eine
Kolonie gehen will, wenn er mit uns und der Stadt nicht
zufrieden ist, sei es daß er sich an einem anderen Orte nie-
derzulassen gedenkt –,[13] eben dorthin zu gehen, wohin es
ihm beliebt, und das Seine mitzunehmen. Doch wer [e] von
euch dableibt, nachdem er gesehen hat, wie wir Recht sprechen und die übrigen Angelegenheiten der Stadt verwalten,
von dem behaupten wir, er sei nunmehr durch sein Verhalten mit uns übereingekommen, daß er befolgen werde, was
wir ihm befehlen, und von dem, der dann nicht gehorcht,
behaupten wir, daß er dreifach Unrecht tue: indem er uns,
die ihn hervorgebracht, und uns, die ihn aufgezogen haben,
nicht gehorcht, und indem er trotz der Übereinkunft, uns
zu gehorchen, nicht gehorcht noch auch uns überzeugt,
wenn wir etwas nicht richtig machen. [52a] Dabei überlas-
sen wir ihm die Wahl und verlangen nicht in barschem
Ton, er solle befolgen, was wir ihm befehlen; wir stellen
ihm vielmehr frei, von zwei Dingen eines zu tun, entweder

uns zu überzeugen oder uns Folge zu leisten – doch er tut keines von beiden.

14. Alle diese Vorwürfe, behaupten wir, werden auch dich treffen, Sokrates, wenn du ausführst, was du planst: gerade dich von den Athenern nicht am wenigsten, sondern so ziemlich am meisten.« Wenn ich daraufhin fragte: »Warum denn das?«, dann würden sie mir wohl mit Recht Vorhaltungen machen und erwidern, ich hätte mich ziemlich am meisten unter allen Athenern auf jene Übereinkunft eingelassen. Sie könnten nämlich sagen: »Sokrates, wir haben zwingende [b] Beweise dafür, daß du mit uns und mit der Stadt zufrieden warst. Denn keinesfalls hättest du dich mehr als alle anderen Athener in ihr aufgehalten, wärest du nicht mehr als sie mit ihr zufrieden gewesen: nie bist du um eines Festes willen aus der Stadt gegangen, außer einmal auf den Isthmos, und nie irgendwo andershin, es sei denn, um an einem Feldzug teilzunehmen;[14] auch sonst hast du nie eine Reise unternommen, wie die andern Leute das tun, noch überkam dich je das Verlangen, eine andere Stadt und andere Gesetze kennenzulernen – im Gegenteil, wir waren dir genug, und unsere Stadt; so [c] entschieden gabst du uns den Vorzug und kamst mit uns überein, nach uns dein bürgerliches Leben einzurichten, und insbesondere hast du Kinder in ihr erzeugt,[15] zum Beweise, daß du mit der Stadt zufrieden warst. Außerdem hättest du noch während des Prozesses die Strafe der Verbannung gegen dich beantragen können, wenn du gewollt hättest,[16] und was du jetzt gegen den Willen der Stadt versuchst, das hättest du damals mit ihrer Einwilligung tun können. Du aber tatest damals groß, als mache es dir nichts aus, wenn du sterben müssest; vielmehr gabst du, wie du sagtest, dem Tode den Vorzug vor der Verbannung. Doch jetzt schämst du dich weder jener Worte noch kehrst du dich an uns, die Gesetze, der du uns ja verderben willst, und du handelst, [d] wie wohl der nichtswürdigste Sklave handeln würde: du suchst davonzulaufen, ohne an die Abmachungen und Übereinkünfte mit uns zu denken, denen gemäß du dein bürgerliches Leben zu

führen versprochen hast. Gib uns zuerst hierauf Antwort:
haben wir recht, wenn wir behaupten, daß du mit uns übereingekommen bist – durch dein Verhalten, nicht nur durch
Worte –, nach uns dein bürgerliches Leben einzurichten,
oder nicht?« Was sollen wir dazu sagen, Kriton? Müssen wir
nicht zustimmen?

Kriton. Unbedingt, Sokrates.

Sokrates. »Ganz gewiß also«, würden die Gesetze fortfahren,
»handelst du den Abmachungen und Übereinkünften mit uns
zuwider, obwohl du weder unter [e] Zwang zustimmtest
noch als Opfer einer Täuschung und auch nicht genötigt
warst, dich in kurzer Frist zu entschließen, sondern siebzig
Jahre[17] Zeit dazu hattest, während deren du hättest weggehen können, wenn du nicht mit uns zufrieden warst und
du die Übereinkünfte mit uns für ungerecht hieltest. Du
aber hast weder Sparta vorgezogen noch Kreta, denen du
doch bei jeder Gelegenheit gute Gesetze zuerkennst,[18] noch
irgendeine andere Griechen- oder [53a] Barbarenstadt; du bist
vielmehr seltener verreist gewesen als die Lahmen und Blin-
den und sonstigen Gebrechlichen: soviel mehr als die anderen
Athener warst du mit der Stadt zufrieden und offensichtlich
auch mit uns, den Gesetzen – denn wer wäre mit einer Stadt
zufrieden, und nicht zugleich mit deren Gesetzen? Und jetzt
willst du nicht an unseren Übereinkünften festhalten? Ja
doch, wenn du auf uns hörst, Sokrates, und du wirst dich
nicht noch der Lächerlichkeit preisgeben, indem du dich aus
der Stadt davonmachst.

15. Bedenke doch, wenn du diesen Abmachungen zuwiderhandelst und dich irgendwie dagegen vergehst, was für einen
Dienst du dir selber und deinen Freunden damit erweist. [b]
Denn daß sich deine Freunde der Gefahr aussetzen, auch
ihrerseits in die Verbannung gehen und ihre Vaterstadt aufge-
ben zu müssen oder jedenfalls ihr Vermögen zu verlieren, ist
wohl ziemlich sicher. Du selbst aber, wenn du zunächst in
eine der Nachbarstädte gehst, nach Theben oder Megara[19] –
beide erfreuen sich guter Gesetze –, dann kommst du als

Feind ihrer Verfassung, Sokrates, und alle, denen das Wohl
ihrer Stadt am Herzen liegt, werden dich mit Mißtrauen
betrachten, da sie dich für einen Verderber der Gesetze halten, und du wirst die hiesigen Richter in ihrer Meinung
bestärken, daß sie dich zu Recht [c] verurteilt haben. Denn
wer ein Verderber der Gesetze ist, den darf man ganz gewiß
auch für einen Verderber unverständiger junger Menschen
halten. Wirst du also die Städte mit guten Gesetzen und die
gesittetsten Leute meiden? Kann denn, wenn du das tust, das
Leben noch einen Wert für dich haben? Oder wirst du vor sie
treten und schamlos genug sein, mit ihnen Gepräche zu führen – was für Gespräche, Sokrates? Etwa dieselben wie hier:
daß sittliche Grundsätze und die Gerechtigkeit das höchste
Gut der Menschen sind, und ebenso das Gesetzmäßige und
die Gesetze? Und du glaubst nicht, daß [d] die Sache des
Sokrates einen unguten Eindruck machen werde? Das muß
man doch wohl glauben.[20]

Aus dieser Gegend wirst du dich also verziehen und nach
Thessalien gehen, zu den Freunden Kritons?[21] Dort herrscht
ja die schlimmste Unordnung und Zügellosigkeit, und vielleicht hört man sich gerne an, wenn du erzählst, wie lächerlich das war, als du aus dem Gefängnis davonliefst: in einen
Mantel gehüllt oder mit einem Tierfell versehen oder wie sich
sonst jemand zu verkleiden pflegt, der davonlaufen will, und
außerdem mit unkenntlich gemachtem Gesicht. Doch daß du
alter Mann, von dessen Leben aller Wahrscheinlichkeit nach
nur noch eine kurze Spanne übrig ist,[22] [e] keine Skrupel
hattest, so gierig am Leben zu hängen und dafür den heilig-
sten Gesetzen zuwiderzuhandeln, das wird dir niemand vor-
halten? Kann sein – wenn du niemandem zu nahe trittst;
andernfalls aber wirst du vieles zu hören bekommen, Sokrates, was deiner unwürdig ist. Kriechend vor allen Menschen und unterwürfig wirst du also dahinleben – einzig und
allein, um es dir gut schmecken zu lassen in Thessalien, als
wärest du des Essens wegen nach Thessalien ausgewandert?
Und die schönen Reden über die Gerechtigkeit und die

übrigen Grundlagen der Sittlichkeit: wo [54a] werden die bleiben?

Doch nein – du möchtest ja der Kinder wegen am Leben bleiben, um sie aufzuziehen und auszubilden? Wie? Nach Thessalien willst du sie bringen und dort aufziehen und heranbilden, willst sie zu Ausländern machen, damit sie dir auch noch dies zu verdanken haben? Oder nein, das nicht: wenn sie nun hier aufwachsen, werden sie dann etwa, weil du noch lebst, besser erzogen und ausgebildet, obwohl du gar nicht bei ihnen bist? Denn deine Freunde werden ja für sie sorgen: sind sie nur, wenn du nach Thessalien auswanderst, bereit, für sie zu sorgen, doch wenn du in den Hades auswanderst, dann sind sie es nicht? Wenn diejenigen, die [b] sich deine Freunde nennen, im mindesten etwas taugen, dann verbietet sich wohl diese Annahme.

16. So höre auf uns, Sokrates, die wir dich aufgezogen haben: miß weder deinen Kindern noch dem Leben noch irgend etwas anderem einen größeren Wert bei als dem Rechttun, damit du, wenn du in den Hades kommst, all dies den dort Herrschenden zu deiner Verteidigung vortragen kannst.[23] Denn offenbar machst du, wenn du dein Vorhaben ausführst, deine Sache hienieden nicht besser, nicht gerechter und nicht gottgefälliger, weder für dich noch für irgendwen unter den Deinen, und auch, wenn du nach dort drüben gelangst, wird es nicht besser um dich stehen. Doch jetzt gehst du, wenn du fortgehst, als jemand fort, dem Unrecht geschehen ist, nicht durch uns, die [c] Gesetze, sondern durch Menschen. Wenn du dich hingegen auf so schmähliche Weise davonmachst, indem du das Unrecht vergiltst und die Übeltat heimzahlst, indem du den Übereinkünften und Abmachungen, die du mit uns getroffen hast, zuwiderhandelst und deren Übles zufügst, die es am wenigsten verdienen – dir selbst, deinen Freunden, dem Vaterlande und uns –, dann werden wir zornig auf dich sein, solange du noch lebst, und auch unsere dortigen Brüder, die Gesetze im Hades, werden dich nicht freundlich aufnehmen, da sie wissen, daß du versucht hast, uns, soviel an dir lag, zu vernichten. Laß dich also nicht von Kriton verleiten, auf seinen Rat mehr zu geben [d] als auf uns.«

17. Diese Worte, mußt du wissen, mein lieber Freund Kriton, glaube ich zu vernehmen, wie die korybantisch Verzückten Flötentöne zu vernehmen glauben,[24] und in meinem Inneren erdröhnt der Hall dieser Reden und macht, daß ich außerstande bin, etwas anderes zu vernehmen. Sei also versichert: wie ich die Dinge jetzt sehe, wirst du, wenn du noch etwas dagegen einzuwenden hast, vergeblich reden. Trotzdem, wenn du noch etwas erreichen zu können glaubst, dann rede!

Kriton. Nein, Sokrates, ich habe nichts einzuwenden.

Sokrates. Dann laß es nur, Kriton, [e] und wir wollen es so halten, da uns der Gott so leitet.

Anmerkungen

Apologie des Sokrates

1 D. h. mit Hilfe der sophistischen Rhetorik dem Unrecht zum Siege zu verhelfen suche. Vgl. 19b; 23d.

2 Anspielung auf Aristophanes, vielleicht auch auf andere zeitgenössische Komödiendichter, z. B. auf Ameipsias und Eupolis, von denen ebenfalls feststeht, daß sie Sokrates auf die Bühne gebracht hatten.

3 Vgl. Aristophanes, *Wolken* 112 ff.; 187 f.; 225 ff. Vgl. 23d.

4 Gorgias aus Leontinoi (Sizilien): der Wegbereiter der sophistischen Rhetorik, Titelfigur des diese Rhetorik verurteilenden Platonischen Dialoges. Prodikos aus Keos (einer Kykladeninsel) und Hippias aus Elis (Peloponnes): zwei weitere führende Sophisten, Figuren des Platonischen *Protagoras*.

5 Kallias, der Gastgeber im Platonischen *Protagoras*, war ein reicher, verschwenderischer, bildungsbeflissener Athener.

6 Euenos aus Paros (einer Kykladeninsel), der Sophist und Dichter, von dem auch einige Fragmente, überwiegend im elegischen Versmaß, erhalten sind, verlangte somit ein recht bescheidenes Honorar.

7 Chairephon, als Freund des Sokrates Figur der Platonischen Dialoge *Gorgias* und *Charmides*, hatte als Demokrat während des oligarchischen Regimes der »Dreißig« im Exil gelebt (404–403 v. Chr.).

8 Die weissagende Priesterin des delphischen Apollon Pythios.

9 Von Sokrates gern verwendete, auch in der Komödie gebräuchliche Beteuerungsformel, mit einem Anflug des Lächerlichen.

10 Die Verfasser von Chorliedern des Dionysoskults, einer zur Zeit des Sokrates in voller Blüte stehenden Gattung.

11 Vgl. Platon, *Ion* 533c ff.; *Timaios* 71e–72a.

12 Siehe 19a.

13 Unübersetzbares Wortspiel mit dem Namen *Meletos*, der an das Verbum μέλειν ›sich sorgen, sich kümmern‹ anklingt; so noch öfters im folgenden.

14 Mitglieder des Rates der Fünfhundert, der Behörde, welche die Beamten überwachte und die Volksversammlungen vorbereitete.

15 Anspielung auf eine Maxime der Sokratischen Ethik: daß niemand willentlich und wissentlich (d. h., wenn er ein begründetes Wissen von dem besitze, was gut ist) etwas Schlechtes tue, daß alle Schlechtigkeit auf Unwissenheit beruhe. Vgl. 37a.

16 Siehe *Die Fragmente der Vorsokratiker*, hrsg. von H. Diels und W. Kranz, Bd. 2, Berlin ⁸1956, A 72 ff.

17 An der Westküste Kleinasiens, westlich von Smyrna.

18 Ein frühes, allerdings nicht ganz eindeutiges Zeugnis für den Buchhandel in Griechenland (man hat auch an Vorträge gedacht); mit *Orchestra* scheint ein Teil des Marktes gemeint zu sein.

19 So auch der griechische Text: δαιμόνια πράγματα ›dämonische Dinge‹. Auch im folgenden muß es »dämonische Dinge« heißen, obwohl Platon zur substantivischen Verwendung δαιμόνια, ›Dämonisches‹ (= ›dämonische Wesen‹) zurückkehrt: »dämonische Wesen« ergäbe eine der Argumentation abträgliche Tautologie mit »Dämonen«.

20 Im Unterschied zu θεός ›Gott‹ bezeichnete δαίμων eine weniger bestimmte göttliche Kraft; bei Hesiod, *Werke und Tage* 121 ff., gelten die Seelen aus dem Goldenen Zeitalter als δαίμονες, als Schutzgeister und Wesen zwischen Mensch und Gott.

21 Siehe 23a.

22 Der Sohn der Thetis ist Achilleus; das folgende – mit geringen Abweichungen – nach *Ilias* 18,80 ff.

23 Schauplätze von Operationen des Peloponnesischen Krieges: Potidaia (auf der Halbinsel Chalkidike in Nordgriechenland) mußte nach langer Belagerung durch Athen im Winter 430/429 v. Chr. kapitulieren; bei Amphipolis (am Unterlauf des Strymon in Thrakien) erlitten die Athener im Jahre 422 und bei Delion (an der Ostküste Böotiens, unweit Tanagra) im Jahre 424 v. Chr. Niederlagen.

24 Die Bürgerschaft von Athen gliederte sich in zehn Abteilungen (Phylen). Jede Abteilung stellte für den Rat der Fünfhundert fünfzig durchs Los gewählte Mitglieder, und diese fünfzig einer jeden Abteilung waren für je ein Zehntel des Jahres Prytanen, diensttuende Ratsherren, welche die laufenden Geschäfte zu führen und die Volksversammlung zu leiten hatten. Nach Xenophon, *Hellenische Geschichte* 1,6 f., nahmen von den zehn athenischen Feldherren nur acht an der Seeschlacht bei den Arginusen teil; von diesen acht, welche die Volksversammlung zum Tode verurteilte, konnten nur sechs hingerichtet werden, da zwei aus

Furcht vor dem drohenden Prozeß nicht nach Athen zurückgekehrt waren.

25 Der Rundbau (Tholos), auch »Prytaneion« genannt (vgl. 36d bis
37a), war das Amtsgebäude am Markt, in dem die Prytanen, die
diensttuenden Ratsherren, ihre Mahlzeiten einnahmen. Leon, offensichtlich ein Demokrat und Gegner des oligarchischen Regimes der »Dreißig«, könnte mit einem der beiden Feldherren von
406 v. Chr. identisch sein, die nicht an der Schlacht bei den Arginusen teilgenommen hatten.

26 Vielleicht eine Anspielung auf Alkibiades und Kritias, das radi-
kale Haupt der »Dreißig«.

27 Siehe 23c.

28 Kriton: der Freund, Titelfigur eines Platonischen Dialoges. Sein
Sohn Kritobulos wird von Platon mehrfach als Schüler des Sokrates erwähnt, u. a. *Phaidon* 59b, wo auch Aischines, der nachma-
lige Verfasser von Sokrates-Dialogen, und Epigenes wiederkeh-
ren. Lysanias, Antiphon, Nikostratos, Theodotos und Paralios
(oder Paralos) sind im übrigen unbekannt, desgleichen Aiantodoros. Theages: auch im *Staat* 6,496b–c erwähnt; Titelfigur eines
pseudoplatonischen Dialoges. Adeimantos: Mitunterredner im
Staat und im *Parmenides*. Apollodoros: Mitunterredner des
Symposion, anwesend in der Szenerie des *Phaidon*.

29 Nach *Odyssee* 19,163.

30 Ein Ankläger in einem Asebie-Prozeß, der weniger als ein Fünftel
der Stimmen erhielt, wurde mit einer Buße von tausend Drachmen, dem Verlust des Rechts, öffentliche Klagen anzustellen, und
zudem mit dem Verbot belegt, die Tempel zu betreten. Sokrates
setzt voraus, daß jeder der drei Ankläger ein Drittel der 280 Stimmen eingebracht habe, die auf »schuldig« lauteten; hiernach hätte
Meletos allein nur 93 oder 94 Stimmen erzielt, also weniger als ein
Fünftel von 501.

31 Siehe Anm. 25. Außer den Prytanen speisten dort die Ehrengäste
des Staates, u. a. Olympia-Sieger.

32 Z. B. in Sparta.

33 Der Vollstreckungsbehörde, eines Beamtenkollegiums.

34 Eine Münzeinheit im Werte von 100 Drachmen.

35 Siehe Anm. 28.

36 Sokrates bedient sich hier zum ersten Male dieser Anrede.

37 Der König der Perser, nach den damaligen Begriffen der mächtig-
ste Herrscher der Welt.

38 Neben der üblichen Trias der Unterwelt-Richter wird hier an
vierter Stelle Triptolemos genannt, ein attischer Heros aus dem
Kreise der Demeter.

39 Sokrates nennt hier nach zwei mythischen Sängern (Musaios galt
als Schüler des Orpheus) die beiden historischen Archegeten der
griechischen Dichtung.

40 Palamedes, ein Grieche vor Troja, wurde auf Grund von Indizien,
die sein Feind Odysseus gefälscht hatte, des Einverständnisses mit
den Trojanern überführt und durch Steinigung hingerichtet. Ajas
der Telamonier (im Unterschied zu einem anderen Ajas im griechischen Lager vor Troja, dem Sohne des Oileus) stritt mit Odysseus um die Waffen des gefallenen Achill. Die Waffen wurden
nicht ihm, sondern Odysseus zugesprochen; er wollte in seiner
Empörung die griechischen Heerführer umbringen, tötete jedoch,
vom Wahne geschlagen, Herdenvieh und nahm sich daraufhin das Leben. .

41 Der das große Heer nach Troja geführt hat: Agamemnon. Er
bildet hier mit Odysseus und dem Frevler Sisyphos eine überra-
schende, nach den üblichen Begriffen recht ungleich zusammen-
gesetzte Gruppe.

Kriton

1 Die Athener beteiligten sich jedes Frühjahr durch eine Festgesandtschaft am Apollonfest auf Delos; die Zeit der Abwesenheit
des Festschiffes galt als Festzeit, in der Todesurteile nicht voll-
streckt werden durften. Der Prozeß gegen Sokrates hatte unmit-
telbar vor der Abfahrt des Festschiffes stattgefunden. Vgl. *Phaidon* 58a–c.

2 Die felsige Südostspitze von Attika, mit einem berühmten Tempel
des Poseidon.

3 Vgl. *Ilias* 9,363.

4 Simmias und Kebes: aus Theben, zwei Anhänger des Sokrates,
Mitunterredner des *Phaidon*.

5 Sokrates hätte sich dem Prozeß durch die – gesetzlich gestattete –
Flucht entziehen können.

6 Vgl. *Apologie* 25d, mit Anm. 15.

7 Vgl. *Gorgias* 508e.

8 Hier ist offensichtlich vor allem an die gesetzlichen Bestimmungen gedacht, welche die Voraussetzungen für eine rechtsgültige
Ehe (die in Athen seit dem Jahre 451 v. Chr. im wesentlichen nur
zwischen einem attischen Bürger und einer attischen Bürgerin
geschlossen werden konnte) sowie für die Vollbürtigkeit und das
Erbrecht der Kinder regelten.

9 Mit den musischen und gymnastischen Künsten – μουσική, γυμ-
ναστική (τέχνη) – sind die beiden Hauptzweige der griechischen
Erziehung, die seelische und die leibliche Bildung, gemeint; vgl.
Staat 2,376e. Die Bildung in den musischen Künsten bestand im
wesentlichen aus Lesen, Schreiben, Rechnen, Zitherspielen und
Beschäftigung mit Dichtungen, insbesondere mit Homer. Es gab
keine gesetzlichen Vorschriften über die Pflicht, die Kinder stan-
desgemäß auszubilden; Sokrates bezieht sich hier also vor allem
auf den zu seiner Zeit in Athen herrschenden Brauch. Immerhin
waren Kinder, die nicht den gehörigen Unterricht empfangen hatten, der Unterhaltspflicht gegenüber ihren Eltern enthoben; vgl.
Vitruv 6, praef. 3.

10 In Athen bestand die Möglichkeit, in der ersten Volksversammlung eines jeden Jahres unbefriedigende Gesetze zu rügen; die
Rüge führte zur Einsetzung einer Kommission, der Nomotheten,
die befugt war, die beanstandeten Bestimmungen zu ändern.

11 Die Bürgerlisten wurden von den Stadtbezirken, den Demoi, geführt und vom Rate der Fünfhundert regelmäßig einer Prüfung
(δοκιμασία) unterzogen; jeder vollbürtige Sohn eines Atheners
hatte mit Vollendung des 18. Lebensjahres Anspruch auf Ein-
schreibung. Der Neuaufgenommene war zur Ableistung eines
zweijährigen Militärdienstes, der Ephebie, verpflichtet; mit Vollendung des 20. Lebensjahres erlangte er das volle Bürgerrecht.
Vgl. Aristoteles, Verfassung Athens 42.

12 Im Unterschied zu Sparta, wo sich kein Bürger ohne obrigkeit-
liche Genehmigung außer Landes begeben durfte. Vgl. Plutarch,
Lykurgos 27; Alte Gebräuche der Spartaner 19.

13 In eine Kolonie, eine Pflanzstadt (ἀποικία), konnte man freilich
mit sicherer Anwartschaft auf das dortige Bürgerrecht nur dann
gehen, wenn die Mutterstadt die Gründung einer Kolonie be-
schlossen hatte, ein in der Geschichte Athens ziemlich seltenes
Ereignis. Hingegen war es jederzeit möglich, in eine beliebige
bereits bestehende griechische oder nichtgriechische Stadt auszu-
wandern und dort als Fremder, im günstigsten Falle als Metöke

(d. h. als Niedergelassener mit ständigem Wohnrecht und ohne politische Rechte im Gaststaat) zu leben.

14 Auf dem Isthmos von Korinth fanden alle zwei Jahre die Isthmien statt, die bedeutendsten panhellenischen Spiele nach den olympischen. Die Nachricht, daß Sokrates einmal als Zuschauer an den Isthmien teilgenommen habe, vielleicht gar als Mitglied einer offiziellen Festgesandtschaft, ist von zweifelhafter Authentizität: sie findet sich nur in einem Teil der *Kriton*-Handschriften (von wo sie bereits Athenaios 5,216b übernommen hat), und sonst nirgends; außerdem steht sie in Widerspruch zu *Phaidros* 230d: »so wenig kommst du aus der Stadt oder gar ins Ausland« (d. h. über die Grenzen Attikas hinaus). Zu den Feldzügen des Sokrates vgl. *Apologie* 28e.

15 Vgl. *Apologie* 34d.

16 Die Anklage gegen Sokrates wurde in einem »schätzbaren« Prozeß entschieden; auf den Schuldspruch folgte eine zweite Verhandlung, die dem Ankläger und dem Angeklagten Gelegenheit gab, beim Gerichtshof eine je verschiedene Sühne zu beantragen. Vgl. *Apologie* 36b, 37c sowie im Nachwort den Abschnitt »Der Prozeß des Sokrates« (S. 65–70).

17 Vgl. *Apologie* 17d.

18 Vgl. z. B. *Protagoras* 342a ff.; *Staat* 8,544c; ferner Xenophon, *Memorabilien* 3,5,15 f. und 4,4,15. Sokrates bewunderte an Sparta und Kreta vor allem den dort herrschenden Gesetzesgehorsam, den großen Respekt vor der Legalität.

19 Vgl. *Phaidon* 99a.

20 Vgl. *Apologie* 37c–38a.

21 Siehe 45c.

22 Vgl. *Apologie* 38c.

23 Vgl. *Apologie* 40e–41a.

24 Die Korybanten, die Priester der phrygischen Göttin Kybele, feierten ihren orgiastischen Kult mit wilden Tänzen und lärmender Musik; wie in ihnen, so hallen auch in denen, die sich in einem ähnlich ekstatischen Zustande befinden, die lauten Töne, die sie vernommen haben, noch lange nach.

Literaturhinweis

Die gängigen Ausgaben und Übersetzungen sowie die wichtigste Sekundärliteratur sind in der zweisprachigen Ausgabe der *Apologie des Sokrates* genannt (Reclams Universal-Bibliothek, 8315 [2]). Speziell für den *Kriton* siehe ferner:

Platons Kriton. Text, Übers. und Nachw. von R. Harder. Berlin: Weidmann, 1934.

E. Milobenski: Zur Interpretation des platonischen Dialogs Kriton. In: Gymnasium 75 (1968) S. 371–390.

R. E. Allen: Law and Justice in Plato's Crito. In: Journal of Philosophy 69 (1972) S. 557–567.

Nachwort

Der Prozeß des Sokrates

Im Jahre 399 v. Chr. stand Sokrates zum ersten Male in seinem Leben vor Gericht. Die attische Ordnung unterschied zwei Arten von Klagen: die privaten, zu deren Erhebung lediglich der Verletzte oder dessen Vertreter legitimiert war, und die öffentlichen, die von jedem unbescholtenen Bürger angestrengt werden durften. Sokrates mußte sich wegen einer öffentlichen Klage, einer δημοσία δίκη oder γραφή (»schriftlicher Antrag«), verantworten; das Delikt, dessen er sich schuldig gemacht haben sollte, hieß ἀσέβεια, »Frevel wider die Religion«. Der bedeutendste unter den Anklägern war Anytos, ein angesehener, wohlhabender Mann, der in den Jahren 403–397 v. Chr. das verantwortungsvolle Amt eines Strategen (Heermeisters) bekleidete und noch im Jahre 381 v. Chr. als Archon (Oberbeamter) erwähnt wird. Neben ihm traten Meletos, nominell der Hauptankläger, sowie ein gewisser Lykon auf; von ihnen ist wenig Zuverlässiges bekannt. Für Klagen wegen Asebie war als Gerichtsmagistrat der Archon Basileus zuständig, der Oberbeamte also, der (wie der Zusatztitel »Basileus«, ›König‹, andeutet) im demokratischen Staat die sakralen Aufgaben des alten Königtums wahrnahm. Der eigentliche Prozeß, die Hauptverhandlung, fand vor einem Dikasterion, einem der großen Geschworenengerichtshöfe, statt, in welche die Heliaia – der aus 6000 Bürgern bestehende, Jahr für Jahr durchs Los bestimmte Richterausschuß – sich gliederte. Der Gerichtshof, der Sokrates aburteilte, bestand aus 501 Geschworenen, einer für die wichtigeren Prozesse üblichen Zahl.

Die Anklageschrift – d. h. wohl nicht die γραφή, mit welcher die Ankläger beim Archon Basileus vorstellig wurden, sondern das der Hauptverhandlung zugrunde liegende Dokument – hatte nach der in diesem Punkte ebenso einhelligen

wie vertrauenswürdigen Überlieferung folgenden Wortlaut
(Diogenes Laertios 2,40; Xenophon, *Memorabilien* 1,1,1
und *Apologie* 10; vgl. Platon, *Apologie* 24b):

»Zur Niederschrift gegeben und beschworen hat dies Meletos, der Sohn des Meletos aus Pitthos, gegen Sokrates,
den Sohn des Sophroniskos aus Alopeke: Sokrates handelt
rechtswidrig, indem er die Götter, die der Staat anerkennt,
nicht anerkennt und andere, neuartige göttliche (dämonische) Wesen einzuführen sucht; er handelt außerdem
rechtswidrig, indem er die jungen Leute verdirbt.
Strafantrag: der Tod.«

In dem Hauptvorwurf, der eigentlichen Asebie-Anklage,
verwendet das griechische Original für »anerkennen« das
Wort νομίζειν ›in Brauch haben, an etwas festhalten‹. Man
hat diesen Ausdruck oft mißverstanden und durch »glauben«
wiedergegeben – Sokrates verstoße gegen das Recht, indem er
nicht an die staatlichen Götter glaube. In Wahrheit jedoch
richtete sich der Vorwurf der Anklageschrift nicht oder nur
mittelbar auf eine innere Einstellung, auf eine bestimmte reli-
giöse Überzeugung; er galt vielmehr lediglich einem äußeren
Verhalten, der Anerkennung der offiziellen Kultordnung.
Hierzu stimmt, daß sich Sokrates in der Apologie Xenophons
mit der Behauptung zu rechtfertigen sucht, man habe doch
sehen können, wie er an Festtagen auf den öffentlichen Altä-
ren sein Opfer darbrachte (§ 11). Das moderne Mißverständ-
nis ist wohl nicht zuletzt durch die Argumentation des Platonischen Sokrates verursacht: in der dialektischen Partie,
welche die Apologie Platons der Widerlegung des ersten
Vorwurfs der Anklageschrift widmet (26b–28a), nimmt das
Verbum νομίζειν unverkennbar die Bedeutung ›etwas für
existent halten, an etwas glauben‹ an.
Der Asebie-Vorwurf der Anklageschrift ist zweigeteilt:
Sokrates verweigere nicht nur den staatlich anerkannten Göttern seine Anerkennung, sondern suche gar andere, neuartige
göttliche (dämonische) Wesen oder Dinge einzuführen (vgl.

Anm. 19). Auch der zweite Teil des Vorwurfs zielt offensichtlich nicht so sehr auf eine Frage des Glaubens als auf die Kultordnung: Sokrates trete für die Verehrung neuer Gottheiten ein. Dieser Befund ist abermals durch Formulierungen der Platonischen Apologie etwas getrübt: dort fehlt in der Wiedergabe des Textes der Anklageschrift der Ausdruck »er führt ein, er sucht einzuführen«, so daß sich das mißverständliche Verb νομίζειν auch auf das zweite Glied, auf die neuartigen göttlichen Wesen bezieht. Mit den δαιμόνια, den göttlichen (dämonischen) Wesen oder Dingen, wollte die Anklageschrift das Daimonion, die göttliche innere Stimme treffen, auf die sich Sokrates zu berufen pflegte. Bei Xenophon ist dieser Zusammenhang am deutlichsten erkennbar. Dort erklärt Sokrates, mit der göttlichen Stimme, die ihm befehle, was er tun solle, habe es dieselbe Bewandtnis wie mit all den anderen Zeichen, den Vogelrufen, Blitzen, prophetischen Sprüchen, durch welche die Götter den Menschen die Zukunft zu offenbaren pflegten – das Daimonion wird einbezogen in die allgemein anerkannte Mantik (§§ 12 f.). Platon, der bei der Deutung des Daimonion größere Zurückhaltung übt, weiß hiervon nichts; immerhin gibt auch seine Apologie an einer Stelle zu verstehen, daß sich der Vorwurf der Verehrung neuartiger göttlicher Wesen auf das Daimonion beziehe (31d).

Die Anklageschrift bezichtigte Sokrates schließlich noch eines korrumpierenden Einflusses auf die Jugend. Was hiermit gemeint sein mochte, läßt sich nicht mehr mit Sicherheit feststellen. Während sich das Delikt des Frevels wider die Religion aus einer Reihe von Prozessen in etwa erschließen läßt, fehlt es für die Kategorie des Jugendverderbs an jeglichem Vergleichsmaterial. Offensichtlich hat es sich hierbei um einen Tatbestand gehandelt, der nicht nur als unmoralisch, sondern auch – auf Grund einer gesetzlichen Bestimmung – als kriminell galt; sonst hätten die Apologien des Sokrates nicht ermangelt, darauf hinzuweisen, daß dieses Tun gar nicht strafbar sei. Vielleicht war es möglich (mehrere vergleichbare Fälle legen eine derartige Vermutung nahe), im Anschluß an den eigentlichen Vorwurf der Asebie weitere mißbilligenswerte Betätigungen zu rügen, die ebenfalls eine Beeinträchtigung des Gemeinwohls mit sich zu bringen geeignet waren.

Das attische Recht unterschied zwischen ἀτίμητοι und τιμητοὶ ἀγῶνες, zwischen »unschätzbaren« und »schätzbaren Verfahren«. Bei den unschätzbaren Verfahren war die Sanktion durch Gesetz im vorhinein festgelegt; das Gericht hatte somit den Angeklagten lediglich sei es zu verurteilen, sei es freizusprechen. Die schätzbaren Prozesse hingegen gliederten sich, wenn der Angeklagte für schuldig befunden wurde, in zwei Abschnitte: auf den Schuldspruch folgte eine zweite Verhandlung und Abstimmung über das Strafmaß. Hier hatte zunächst der Ankläger Gelegenheit, seinen schon in der Anklageschrift formulierten Strafantrag des näheren zu begründen, und sodann ergriff noch einmal der Angeklagte das Wort zu einem auf eine mildere Sühne zielenden Gegenantrag. Die Entscheidung des Gerichts war auch in dieser Phase auf eine Alternative beschränkt, d. h., sie konnte sich lediglich sei es für den Antrag des Anklägers, sei es für den Gegenantrag des Angeklagten aussprechen. Eine dritte Möglichkeit, eine vom Gericht nach freiem Ermessen festgesetzte Sanktion, kam schon aus verfahrenstechnischen Gründen nicht in Betracht: sie hätte erfordert, daß das mehrhundertköpfige Gremium im Wege einer Debatte eine Mehrheit für ein bestimmtes Strafmaß gewinnt.

Die öffentliche Klage wegen eines Frevels wider die Religion führte zu einem schätzbaren Prozeß, weshalb denn Meletos bereits in seiner Anklageschrift den Tod als die von ihm für angemessen erachtete Sühne vorschlug – er hätte sich genausogut mit einer milderen Strafe, mit der Verbannung oder einer Geldbuße (die ebenfalls als Folgen eines Schuldurteils in einem Asebieprozeß bezeugt sind), begnügen können. Als schätzbares Verfahren gliederte sich der Prozeß des Sokrates in die beiden erwähnten Abschnitte: der erste Abschnitt endete mit dem Schuldspruch, der zweite mit der Bestimmung der Strafe. Die beiden erhaltenen Verteidigungsreden des Sokrates, die Platonische und die Xenophontische, spiegeln in dieser Hinsicht, so sehr sie sich im übrigen unterscheiden, übereinstimmend den tatsächlichen Verlauf: sie lassen Sokrates in einem ersten Plädoyer darlegen, daß die von den Anklägern gegen ihn erhobenen Vorwürfe unbegründet seien, und geben ihm sodann in einer zweiten Ansprache Gelegenheit, sich zur Frage des Strafmaßes zu äußern.

Sokrates hat, wie es der attischen Prozeßordnung entsprach, in der Hauptverhandlung seine Sache selbst verfochten. Er wurde überdies – so jedenfalls Xenophon – von Freunden unterstützt, wie andererseits – abermals nach Xenophon – die Ankläger mit Zeugen aufwarteten, die ihn belasteten (§§ 22 und 24): in beiderlei Hinsicht hat Xenophon im Gegensatz zu Platon, der weder die Hilfe der Freunde noch die Belastungszeugen erwähnt, die größere Wahrscheinlichkeit auf seiner Seite. Auf der Anklägerseite hat sicherlich Meletos und offensichtlich auch Anytos (wie sich aus einem Hinweis der Platonischen Apologie, 29c, ergibt) das Wort ergriffen. Das Ergebnis der Abstimmung, welche die erste Phase des Prozesses beendete, läßt sich aus einer glaubwürdigen Angabe des Platonischen Sokrates erschließen: nur dreißig Stimmen hätten anders ausfallen müssen, und Sokrates wäre freigesprochen worden (36a). Folglich erkannten 280 Geschworene auf »schuldig« und 221 (oder 220) auf »nicht schuldig«. Daraufhin äußerten sich, wie dargetan, sowohl die Anklägerseite als auch Sokrates zum Ausmaß der Strafe: nach Platon hätte Sokrates eine Geldbuße von dreißig Silberminen gegen sich beantragt (38b), nach Xenophon hingegen sich geweigert, einen Strafantrag zu stellen, da er sich hiermit schuldig bekannt hätte (§ 23). Das Endurteil des Gerichtshofs entsprach dem Antrag des Meletos; hierbei sollen sich 80 weitere Geschworene der das erste Urteil tragenden Mehrheit angeschlossen haben (Diogenes Laertios 2,42). Sowohl Xenophon als auch Platon lassen Sokrates daraufhin noch ein drittes Mal zu Wort kommen: eine derartige Schlußansprache des Verurteilten war vielleicht ungewöhnlich; es besteht jedoch kein Grund, an der Tatsache zu zweifeln, daß sich Sokrates noch einmal an seine Richter wandte, bevor er von den Beamten der vollstreckenden Behörde, den Elfmännern, abgeholt wurde.

Die Ursachen des Prozesses, der politisch-weltanschauliche Hintergrund

Der Justizmord an Sokrates fand fünf Jahre nach Athens Niederlage im Peloponnesischen Kriege, nach einem Wendepunkt der griechischen Geschichte statt; er war durch vielerlei Ursachen, durch das Zusammentreffen höchst verschiedenartiger Umstände bedingt. Er beruhte zunächst und hauptsächlich auf einem Klima der Angst und der weltanschaulichen Unsicherheit, welches der unglückliche Ausgang des Krieges und die nachfolgenden innenpolitischen Erschütterungen geschaffen hatten; er beruhte zudem auf einer gewissen Unbeholfenheit der attischen Rechtsinstitutionen und nicht zuletzt auf der Mitwirkung des Sokrates, auf seinem kompromißlosen, ja herausfordernden Verhalten.

Athen, im 6. Jahrhundert noch eine Stadt von allenfalls mittelmäßiger Bedeutung, war während der Perserkriege durch eigenes Verdienst und glückliche Umstände rasch zur Vormacht Griechenlands aufgestiegen. Es stand an der Spitze des attischen Seebundes, der, von Hause aus zur Perserabwehr geschaffen, mehr und mehr zum Objekt unumschränkter Herrschaft wurde; es hatte sich im Inneren durch den Abbau überkommener Adelsprivilegien folgerichtig zu der ihm gemäßen Staatsform, der Demokratie, entwickelt. Trotz dieser Dynamik im politischen Bereich hielten die Athener eigentümlich lange an ihrer geistigen Tradition, am überlieferten mythisch-religiösen Weltbild fest: während sich überall in den Randgebieten Griechenlands, zumal in Kleinasien und auf Sizilien, die Philosophen um die Prinzipien einer rationalen, physikalischen Erklärung der Natur bemühten, standen Athens kulturelle Anstrengungen noch ganz im Dienste der staatlichen Götterverehrung; der politische Mittelpunkt Griechenlands brachte Dichter hervor wie Aischylos, Sophokles und Euripides, die Schöpfer und Vollender der attischen Tragödie, und Künstler wie Pheidias und Myron, die Großmeister der klassischen Bildhauerkunst, aber keine Philosophen. Immerhin begannen von der Jahrhundertmitte an auch jene vielfältigen Spekulationen, Theorien und formalen Techniken, kurz alle jene Erzeugnisse eines neuen Ideals von Wissenschaftlichkeit, die überall außerhalb des griechischen Mutterlandes entstanden waren, in Athen einzudringen, und bald gab es dort neben den konservativen Kräften, die dem geistigen Import mißtrauisch oder ablehnend gegenüberstanden, auch ausgesprochen modernistisch gesinnte, für die neue Denkweise geradezu kritiklos aufgeschlossene Kreise.

Es waren weniger die Lehren der sogenannten Naturphilosophen – kühne Theorien, welche alle Erscheinungen des Kosmos aus physikalischen Ursachen abzuleiten suchten –, die damals in Athen Fuß faßten (obwohl sich immerhin ein bedeutender Repräsentant dieser Richtung, Anaxagoras, als Freund des Perikles jahrzehntelang dort aufgehalten hat): es war vor allem die Sophistik, die mit ihrem Bemühen, die überlieferten Vorstellungen aus den Angeln zu heben, auch breitere Kreise tief zu beeindrucken vermochte. Die Repräsentanten dieser Richtung, die Sophisten (›die Wissenden, die Gelehrten‹: das Wort besagte ursprünglich ungefähr dasselbe wie ›Philosoph‹), verstanden sich zuallererst als Erzieher, als Propagandisten einer neuen Bildung: sie wollten ihren Schülern, in praxi einer Elite meist adliger Provenienz, zu erfolgreichem politischen Handeln verhelfen und boten ihnen zu diesem Zweck einen Inbegriff von Wissen sowie zwei Methoden an, die ihr Durchsetzungsvermögen steigern sollten: die

Dialektik oder Disputierkunst und die Rhetorik oder die
Kunst der sorgsam geplanten und ausgeführten zusammenhängenden Rede. Die sophistische Bildung hatte bei aller
Mannigfaltigkeit der Bestrebungen *einen* Generalnenner: die
Überzeugung, daß man die überkommene Kultur in allen
ihren Manifestationen – die Sprache, die Religion, den Staat,
die Politik, die Moral, das Recht – nicht einfach hinzunehmen
brauche, sondern zum Gegenstand der Reflexion und Kritik
machen könne. Hierbei ging man teils empiristisch vor, d. h.
man beobachtete, wie verschieden Götterkult, Sitte, Recht
und staatliches Leben bei den verschiedenen Völkern beschaffen waren; von hier aus führte der Weg zu der relativistischen Auffassung, daß es bei der Vielfalt der Normen
unmöglich sei, bestimmte Normen für unbedingt verbindlich
zu erklären. Andernteils aber argumentierte man rationali-
stisch, d. h., man maß die Erscheinungen der Wirklichkeit an
konstruierten Normen, an einem Ideal, z. B. das je nach Ort
und Zeit differierende positive Recht am sogenannten Natur-
recht oder die bezeichnende Funktion der Sprache an der
angeblichen Beschaffenheit der bezeichneten Sachen. Hierbei
vermied man zwar die Schwierigkeiten des Relativismus;
dafür war man der Frage ausgesetzt, wie man jene konstruierten Normen überzeugend begründen könne.

Von dieser Art etwa war der neue Geist der Aufklärung, der
in der zweiten Hälfte des 5. Jahrhunderts von allen Seiten her
auf das ziemlich altmodisch gebliebene Athen eindrang und
dort die bislang unangefochtene Autorität der Tradition vor
das Tribunal der Vernunft und des Vernünftelns zitierte. In
der Friedenszeit zwischen den Perserkriegen und dem Peloponnesischen Krieg, da Perikles der erste Mann im Staate
war, vermochten sich die gegenstrebigen Kräfte der einheimischen Gebundenheit und der importierten Freizügigkeit
noch miteinander zu arrangieren. Als aber das furchtbare
Ringen mit seinen Bedrängnissen und Wechselfällen eingesetzt hatte, im letzten Drittel des Jahrhunderts, da nahmen
mit den äußeren Konflikten auch die inneren Spannungen zu,

und es kam immer wieder zu offenem Streit zwischen Alt und Neu, zwischen Tradition und Vernunft, zwischen konservativen Kräften der Bürgerschaft und einzelnen Repräsentanten des sophistischen Zeitgeistes. Von dieser Gärung haben wohl oft genug die Komödien jener Jahre Zeugnis abgelegt; an die Nachwelt ist nur ein Beispiel davon gelangt, die *Wolken* des Aristophanes, eine phantasievolle Karikatur, die ausgerechnet Sokrates zum Ausbund aller sophistischen Künste abstempelt.

Ein Hauptventil der weltanschaulichen Spannungen waren offenbar die Asebie-Prozesse, die von konservativ gesinnten Kräften gegen Repräsentanten der neuen Wissenschaftlichkeit, gegen Philosophen und Sophisten angestrengt wurden. Einen ersten Versuch, sich dieser Waffe zu bedienen, hat zu Beginn des Peloponnesischen Krieges, um das Jahr 430 v. Chr., ein gewisser Diopeithes unternommen, ein religiöser Fanatiker und gewerbsmäßiger Wahrsager, dem die moderne Freigeisterei schon von Berufs wegen verhaßt sein mußte. Auf sein Betreiben kam ein Volksbeschluß zustande, wonach derjenige in einem besonderen Verfahren zur Rechenschaft zu ziehen sei, der dem Göttlichen seine Anerkennung versage und über die Himmelserscheinungen Unterricht erteile. Diese Maßnahme richtete sich gegen Anaxagoras und dessen physikalisches Weltbild als eine wissenschaftliche Lehre, die dem Glauben an die Mantik abträglich sein mußte; Perikles, heißt es in der wahrscheinlichsten Version vom weiteren Gang der Ereignisse, sei daraufhin von großer Furcht ergriffen worden, und er habe dem Freunde geraten, Athen zu verlassen, bevor es zu einem Prozesse käme. Etwa anderthalb Jahrzehnte danach mußte sich Diagoras von Melos wegen Asebie vor Gericht verantworten; er war Lyriker, kein Sophist im eigentlichen Sinne. Doch offenbar hatte ihn der Zeitgeist nicht unberührt gelassen: man sagte ihm nach, daß er die Götter leugne, und warf ihm insbesondere Geringschätzung der Eleusinischen Mysterien vor. Er wurde verurteilt und mußte Athen verlassen. Ein dritter, allerdings nicht

sonderlich gut beglaubigter Fall dieser Art soll sich um dieselbe Zeit oder etwas später zugetragen haben: der berühmte
Sophist Protagoras wurde auf Grund eines Asebie-Prozesses
aus Athen verbannt, weil er zu Beginn seiner Schrift *Über die
Götter* erklärt hatte: »Von den Göttern vermag ich nicht zu
erkennen, ob sie existieren oder nicht und wie sie etwa gestal-
tet sind.«

Der Prozeß des Sokrates war also nicht ohne Vorläufer. Er
sollte offensichtlich wieder einmal einen Sophisten treffen,
einen Repräsentanten jener modernen, zur Überlieferung
kritisch eingestellten Denkungsart, der man nunmehr, im
Jahre 399 v. Chr., auch einen Anteil an den Ursachen des
katastrophalen Kriegsausgangs zuschreiben konnte. Daß
Sokrates in Wahrheit andere Ziele verfolgt haben mag, daß er
insbesondere den relativistischen Standpunkt vieler sophisti-
scher Zeitgenossen nicht teilte, wird für den damaligen
Durchschnitts-Athener überhaupt nicht wahrnehmbar gewesen sein: die *Wolken* des Aristophanes, ein Stück des Jahres
423 v. Chr., haben gewiß an ein schon bestehendes Vorurteil
angeknüpft und erheblich zu dessen Befestigung beigetragen.
Anytos, der eigentliche Hauptankläger, war politisch gesehen ein Mann der Mitte: er hatte in den wirren Monaten nach
der Kapitulation zunächst eine gemäßigte Oligarchie für ver-
tretbar gehalten und war sodann auf den behutsamen Kurs
des Thrasybulos, des Wiederherstellers der Demokratie, ein-
geschwenkt. Der von ihm angezettelte Prozeß hatte somit
schwerlich politische Motive (wie sie bei einer radikalen Position eher denkbar gewesen wären) – er konnte sie um so
weniger haben, als sich auch Sokrates, wenn er überhaupt
politisch hervorgetreten war, als Gegner sowohl demokrati-
scher als auch oligarchischer Auswüchse erzeigt hatte. Anytos handelte somit aus ehrlicher religiöser und moralischer
Überzeugung. Daß Sokrates erst damals – nachdem er bereits
jahrzehntelang, von einem Schwarm vornehmer junger Leute
umgeben, über ethische Probleme diskutiert hatte – zur
Rechenschaft gezogen wurde, war gewiß durch die besonde-

ren Zeitumstände und eine hieraus resultierende verbreitete Stimmung bedingt: man wollte nach den Nöten des Krieges und der inneren Wirren von den modernen Gedankenexperimenten nichts mehr wissen; man suchte für den politischen und wirtschaftlichen Neubeginn Halt bei der Tradition und zumal beim überlieferten staatlichen Götterkult. Gerade in dieser Atmosphäre konnte unerträglich scheinen, was man bis dahin ruhig hingenommen hatte – nur so läßt sich erklären, daß ein Siebzigjähriger vor Gericht gezogen wurde, dessen Ruf sich seit langem verfestigt hatte, der seit langem eine stadtbekannte Erscheinung war.

Der seriösen Überlieferung zufolge endete keiner der früheren Asebie-Prozesse, die einem Sophisten oder einem von der Sophistik beeinflußten Literaten gegolten hatten, mit einem Todesurteil. Auch im Falle des Sokrates war es schwerlich von vornherein auf die äußerste Strafe abgesehen: man wollte den lästigen Diskutierer mundtot machen, man wollte seinen Einfluß auf die jungen Leute unterbinden und hiermit einen Zeitgeist bekämpfen, von dem man sich zu distanzieren wünschte. Daß die Sache gleichwohl einen für die eben erst restaurierte Demokratie derart beschämenden Ausgang nahm, war zweifellos durch zusätzliche Faktoren bedingt: durch das provozierende Verhalten des Sokrates sowie dadurch, daß es der attischen Gerichtsordnung an Elastizität fehlte, offensichtliche Mißgriffe zu korrigieren. Denn was immer Sokrates während der Hauptverhandlung gesagt und getan haben mag (in den Einzelheiten divergieren die Quellen): er ist sicherlich überaus selbstbewußt aufgetreten, er hat nichts unternommen, seine Richter milde zu stimmen, er hat sie vielmehr des öfteren zu brausenden Protesten herausgefordert. Die Richter wiederum ließen sich offensichtlich in einem heute schwer vorstellbaren Maße von Emotionen leiten: sonst wäre unerklärlich, daß sich ein Drittel von den 220, die in der ersten Abstimmung auf »nicht schuldig« erkannt hatten, in der zweiten der Mehrheit anschloß und ebenfalls für die Todesstrafe votierte. Der attischen Prozeßordnung aber mangelte es an Sicherungen gegen solchen Widersinn, und gegen die Entscheidung eines Gerichtshofs der souveränen Heliaia gab es keinerlei Appellation. Schließlich ist überliefert, daß Freunde dem Verurteilten vor der Hinrichtung zur Flucht aus dem Gefängnis verhelfen wollten und konnten: wenn diese Nachricht zutrifft (es besteht kein ernsthafter Grund, hieran zu zweifeln), dann hat Sokrates ein weiteres Mal selbst dazu beigetragen, daß die Ereignisse ihren absonderlichen Verlauf nahmen.

Die Apologie Platons

Die Platonische Apologie des Sokrates besteht aus drei jeweils durch Abstimmungen der Richter voneinander getrennten Ansprachen: aus dem eigentlichen Plädoyer, aus dem auf das Schuldurteil folgenden Strafantrag sowie aus einem das Todesurteil kommentierenden Abschiedswort an die Richter. Diese Sequenz, die auch der Xenophontischen Apologie zugrunde liegt, scheint, wie schon dargetan, den tatsächlichen Ablauf der Ereignisse zu spiegeln. Die Einleitungstopik des eigentlichen Plädoyers beteuert Wahrhaftigkeit in schlichter, ungekünstelter Ausdrucksweise; Sokrates werde sprechen, wie er immer schon gesprochen habe (Kap. 1). Die Apologie unterscheidet sich denn auch deutlich von den damals üblichen Gerichtsreden: sie meidet das Gepränge der Perioden; sie ähnelt in ihrem Konversationston der Stilart der Platonischen Dialoge.

Der Hauptteil des Plädoyers gliedert sich in zwei Abschnitte. Sokrates geht nicht sogleich auf die Anklageschrift des Meletos ein; er sucht vielmehr zunächst darzutun, wie es überhaupt dazu hat kommen können, daß er vor Gericht gestellt wurde (Kap. 2–10). Er behauptet, das Opfer einer langjährigen Verleumdungskampagne zu sein, und er skizziert das Bild, das insbesondere die *Wolken* des Aristophanes von ihm verbreitet hätten: er sei dort gänzlich wahrheitswidrig zu einem Erzsophisten stilisiert worden, der sich einerseits mit der physikalischen Naturerklärung eines Anaxagoras und andererseits mit Dialektik befasse: mit der Kunst, die schwächere Rede (oder Sache) zur stärkeren zu machen. Sokrates stellt dieser Phantasmagorie, diesem Scheinbild seines Treibens eine erste Charakteristik seines wahren Berufs, seiner wahren Berufung entgegen, die zugleich die wahre Quelle seiner Verhaßtheit sei. Das Orakel zu Delphi habe ihn für den weisesten Menschen ausgegeben, und er sei daraufhin vergebens ausgezogen, diesen Spruch zu widerlegen: die Prüfung von Politikern, Dichtern und Handwerkern habe stets nur das Ergebnis erbracht, daß die Geprüften sich für weiser hielten, als sie in Wirklichkeit waren – so daß er, Sokrates, eben dadurch weiser zu sein scheine als alle anderen, daß er sich frei wisse vom Irrtum der Selbstüberschätzung.

Der zweite Abschnitt des Hauptteils gilt sodann dem eigentlichen Gegenstand des Prozesses, der Anklage des Meletos (Kap. 11–16). Sokrates befaßt sich, hierin von der authentischen Anklageschrift abweichend, zunächst mit dem Vorwurf des Jugendverderbs und erst an zweiter Stelle mit dem des Frevels wider die Götter. Er sucht in beiden Punkten die Widersinnigkeit der Anklage darzutun, indem er Meletos in einen die Schwäche seiner Position entlarvenden Disput verwickelt – womit zugleich Proben der Sokratischen Befragungs- und Prüfungskunst gegeben werden; beide Dispute suchen zunächst die Meinung des Anklägers, die Bedeutung seines Vorwurfs zu präzisieren, um sie alsdann in plötzlicher Kehrtwendung als unhaltbar zu erweisen.

Auf die verhältnismäßig kurze Widerlegung der beiden Anklagepunkte folgt eine in der Disposition (Kap. 2) nicht angekündigte Partie, in der Sokrates ein zweites Mal von seinem Tun als einer Mission spricht, die ihm der Gott übertragen habe (Kap. 16–22): daß ihm auferlegt sei, als Philosoph zu leben, die gängigen falschen Vorstellungen vom Werte des Ruhmes und des Reichtums zunichte zu machen und die Menschen zur Sorge um ihre Seele anzuhalten, und daß er sich hiervon auch durch die Gefahr des Todes nicht abbringen lassen dürfe. An dieses eindrucksvolle Bekenntnis knüpft Sokrates alsbald ein Korrektiv, eine Einschränkung: so weit habe er nicht gehen dürfen, sich auch noch regelmäßig politisch zu betätigen; wenn er dort ebenso kompromißlos aufgetreten wäre wie in einzelnen Situationen des öffentlichen Lebens, denen ihn das demokratische Regiment nicht minder ausgesetzt habe als das oligarchische, und wie in seinem ständigen Umgang mit Einzelpersonen, dann hätte ihn ein allzu früher Tod an der Ausführung seines Auftrags gehindert. Der bündige Schluß enthält – anders als die Einleitung – keine variierende Bestätigung, sondern die schroffe Ablehnung des dort Üblichen: Sokrates erklärt, er weigere sich entschieden, das Rührstück des Flehens um Mitleid aufzuführen, mit dem Angeklagte ihr Plädoyer zu beenden pflegten, da er diese Praxis für einen Mißbrauch halte; man müsse seine Richter zu überzeugen und nicht durch Bitten zu einem Willkürurteil zu verleiten suchen.

Die zweite Ansprache, der Gegenantrag nach dem Schuldurteil (Kap. 25–28), enthält in der Platonischen Apologie die schärfste Herausforderung des Gerichtshofs. Sokrates erklärt dort nämlich, daß er, weit davon entfernt, eine Strafe gegen sich zu beantragen, eine Belohnung verdient zu haben glaube: er halte einen ständigen Freitisch im Prytaneion, im Amtshaus, für angemessen. Er legt weiterhin dar, warum die bei Asebie-Prozessen übliche Verbannungsstrafe für ihn nicht in Betracht komme: er, der Athener, wäre dann von jeder Möglichkeit abgeschnitten, sein bisheriges Wirken als Menschenprüfer fortzusetzen, und ein solches Leben sei für ihn nicht lebenswert. Er schließt mit dem von den Freunden empfohlenen und verbürgten Antrag auf eine Buße von dreißig Silberminen.

Das Abschiedswort nach dem Endurteil (Kap. 29–33) widmet sich ganz und gar einem Thema, das schon in den vorausgehenden Reden des öfteren zur Sprache gekommen ist: der Bedeutung des Todes, der Frage, ob der Tod ein Übel sei.

Sokrates wendet sich zunächst an die Richter, die ihn verurteilt haben: er sei mit dem Ausgang des Prozesses ebenso zufrieden wie seine Ankläger, da er sich mehr vor Schlechtigkeit hüten zu müssen glaube als vor dem Tode, und wenn sie, die Richter, hofften, nunmehr eines lästigen Mahners ledig geworden zu sein, dann hätten sie sich geirrt – andere würden kommen, die sie desto hartnäckiger zur Rechenschaft zögen, je jünger sie seien. Sokrates wendet sich schließlich an die Minderheit derer, die für seine Freisprechung votiert haben: er legt dar, warum er den Tod eher für ein Gut halten zu können glaube als für ein Übel; seine abschließenden Worte sind in ihrer Gelassenheit ein ergreifendes Zeugnis für ein völliges Einssein von Philosophie und Frömmigkeit, und sie sind hiermit ein letzter Beweis für die Ungeheuerlichkeit des Schuldvorwurfs, auf Grund dessen man einen Sokrates dem Tode überantworten zu müssen vermeinte.

Dem unbefangenen Leser erscheint die Platonische Apologie auch heute noch als ein Meisterwerk aus einem Guß, das sich ebensosehr durch Schlichtheit auszeichnet wie durch Gedankentiefe, und er könnte geneigt sein, aus diesem seinem Eindruck ein hohes Maß an Glaubwürdigkeit, an geschichtlicher Verbürgtheit des Inhalts abzuleiten. Mit der zuerst genannten Annahme geht er gewiß nicht fehl: die Platonische Apologie ist eine literarische Schöpfung, die ihresgleichen sucht. Sie ist indes durchaus nicht aus unmittelbarem Erleben entsprungen; sie setzt vielmehr einen beträchtlichen Zeitabstand voraus und überdies eine Reihe von Schriften, die sich ihrerseits bereits mit dem Leben und Tod des Sokrates befaßt hatten. Mit der zweiten Annahme hingegen, mit dem Glauben an historische Zuverlässigkeit, befände sich der Leser der Platonischen Apologie wohl weithin in einem Irrtum: die Sokrates-Literatur hatte sich längst in erheblichem Maße vom Boden der Tatsachen gelöst, als Platon seine Schrift zu Papier brachte, und ihm war es offensichtlich ebenfalls weniger um ein historisches Porträt zu tun als um eine Objektivierung seiner Vorstellung vom idealen Philosophen, in Übereinstimmung gebracht mit einem dürftigen Skelett von Fakten über den historischen Sokrates.

Schriften hat Sokrates nicht verfaßt. Er, der ganz im lebendigen Gespräch aufgegangen war, rief indes bald nach seinem Tode unter seinen Schülern ein üppiges Schrifttum hervor, ja, seine Persönlichkeit hatte einen so mächtigen Eindruck hinterlassen, daß sich an ihr nahezu aus dem Nichts eine neue Literaturgattung entzündete: der sokratische Dialog, die Unterredung, die, mit Sokrates im Mittelpunkt, philosophische Probleme erörterte – eine Gattung, die Aristoteles der Dichtung zuwies (*Poetik* 1). Von den Anfängen der Sokrates-Literatur sind nur noch schattenhafte Umrisse erkennbar, obwohl Männer mit klangvollen Namen – wie Antisthenes, der Begründer des Kynismus, und Aristipp von Kyrene, ein Vorläufer Epikurs – daran mitwirkten; erhalten blieben einzig und allein die Dialoge Platons sowie die sokratischen Schriften des Xenophon.

Leben und Sterben waren bei Sokrates, dem Opfer seiner Überzeugungen, eng miteinander verknüpft; so hat wohl von Anfang an der Prozeß zu den bevorzugten Gegenständen der Sokrates-Literatur gehört. Die verherrlichenden Darstellungen der Anhänger mögen auch Widerspruch hervorgerufen haben – jedenfalls ist bekannt, daß der Redner und Schriftsteller Polykrates um das Jahr 392 v. Chr. ein Pamphlet gegen Sokrates verfaßt hat, das in die Form einer Anklagerede des Anytos gekleidet war. Diesem Angriff folgten wiederum etliche Verteidigungen; auch der Redner Lysias sah sich veranlaßt, eine Rechtfertigung des Sokrates aufzusetzen. Die erhaltenen Apologien Platons und Xenophons scheinen allerdings beträchtliche Zeit nach dem Ereignis entstanden zu sein, das sie darstellen: die Platons ein bis zwei Jahrzehnte danach, die Xenophons – wie alle sokratischen Schriften dieses Autors – gar erst in den sechziger Jahren des 4. Jahrhunderts. Die erhaltenen Apologien stehen also wohl eher am Ende einer literarischen Reihe als an deren Anfang; schon dieser Umstand legt die Annahme nahe, daß sie nicht so sehr

an den wirklichen Ereignissen gemessen sein wollten wie an
der vorausgehenden Sokrates-Literatur, daß sie sich daher
weniger um die geschichtliche Wahrheit bemühten als um
innere Stimmigkeit und überdies um ein gewisses Maß von
Originalität.

Die beiden ersten Kapitel der Xenophontischen *Memorabilien* enthalten ebenfalls eine Rechtfertigung des Sokrates.
Sie scheiden indes für die Frage nach dem Wirklichkeits-
bezug der Platonischen Apologie sofort aus. Sie enthalten zunächst eine Widerlegung der authentischen Anklageschrift
(1,1,2–1,2,8): Xenophons eigene Widerlegung, die offensichtlich von dem Pro und Contra des historischen Prozesses
nichts weiß, die vielmehr teils aus eigener Erinnerung, teils
aus älterer Sokrates-Literatur zusammengestellt ist. Sie enthalten weiterhin Repliken auf Behauptungen eines ungenann-
ten ›Anklägers‹ (1,2,9–64): sie bestreiten, daß Sokrates seine
Freunde zur Verachtung der demokratischen Verfassung, ja
zu Gewalttaten gegen sie verleitet habe; sie erörtern ausführlich den Vorwurf, Kritias und Alkibiades, zwei Männer, die
dem Staate viel Schaden zugefügt hätten, seien Schüler des
Sokrates gewesen usw. Diese Anschuldigungen wollten
Sokrates vor allem als Feind der Demokratie brandmarken;
sie gehen daher schwerlich auf das Plädoyer des Anytos
zurück, der selber eine gemäßigt oligarchische Vergangenheit
hatte und überdies durch einen Rückgriff auf die Zeit vor der
Wiederherstellung der Demokratie gegen das von ihm selbst
gebilligte Amnestiegesetz des Jahres 403 v. Chr. verstoßen
hätte. So besteht die auch aus anderen Gründen naheliegende
Annahme gewiß zu Recht, daß der ›Ankläger‹ der *Memorabilien* kein anderer ist als Polykrates und daß die Anwürfe,
mit denen sich Xenophon in der zweiten Hälfte seiner die
Memorabilien eröffnenden Rechtfertigung befaßt, auf dessen
Schmähschrift zurückgehen.

So bleibt für die Frage, wie sich in der Platonischen Apologie
die Wahrheit von der Dichtung sondern läßt, der Vergleich
mit dem Xenophontischen Pendant, einer jüngeren, jedoch

von Platon unabhängigen und auf vorplatonischen Quellen beruhenden Schrift. Da zeigt sich auf den ersten Blick, daß die beiden Darstellungen nicht einmal in der Grundrichtung der Argumentation übereinstimmen. Der erste Punkt der Anklageschrift, der eigentliche Asebie-Vorwurf, wird von Platon dahingehend ausgelegt, daß sich Sokrates – dem Bilde entsprechend, das die Aristophanischen *Wolken* vermittelt hatten – als Naturphilosoph zu atheistischen Theorien bekannt habe; die Xenophontische Widerlegung hingegen setzt voraus, daß die Ankläger Sokrates wegen Vernachlässigung des staatlichen Götterkultes und vor allem wegen des Daimonion, im Sinne eines »neuartigen göttlichen Wesens«, zur Rechenschaft gezogen wissen wollten (§§ 11–13; 24). Hier spricht, wie schon dargetan, die größere Wahrscheinlichkeit für die Version Xenophons: sie hält sich genauer an den Text der Anklageschrift. Der zweite Anklagepunkt wiederum ist bei Platon eng mit dem ersten verknüpft: der verderbliche Einfluß, den Sokrates auf die jungen Leute ausübe, bestehe eben darin, daß er sie mit seinen irreligiösen Auffassungen vertraut mache. Xenophon hingegen versteht den zweiten Vorwurf als Verführung nicht nur zu mangelnder Götterfurcht, sondern auch zu Ausschweifungen und Weichlichkeit und nicht zuletzt zu Ungehorsam gegenüber den Eltern (§§ 19–21; 25). Auch in diesem Falle wird man der Deutung Platons mit Skepsis begegnen, ohne indes den hausbackenen Moralismus Xenophons für den Schlüssel zur wirklichen Anklage zu halten. Der Differenzpunkt innerhalb der zweiten Ansprache wurde bereits erwähnt: während der Platonische Sokrates nach einem Freitisch im Amtshause verlangt und sich schließlich zum Antrag auf eine Geldbuße bequemt, will der Xenophontische Sokrates von einem Gegenantrag, der ein Schuldbekenntnis impliziere, nichts wissen (§ 23). Die Apologie Platons enthält außerdem noch Partien, für die sich im Xenophontischen Pendant keinerlei Entsprechung findet. So ist insbesondere der ganze erste Abschnitt über die Verleumdungskampagne und deren wahre

Ursache bei Xenophon ohne Seitenstück. Hierbei muß es sich gleichwohl nicht um eine reine Erfindung Platons handeln: die Argumentation klingt sachgerecht und plausibel, und Xenophon erklärt ausdrücklich, daß er sich nicht um eine vollständige Wiedergabe dessen bemüht habe, was von Sokrates und seinen Freunden gesagt worden sei (§ 22).

Immerhin stehen den hier skizzierten Divergenzen fundamentale Gemeinsamkeiten gegenüber. Sowohl Platon als auch Xenophon wissen vom Daimonion des Sokrates, und beide Gewährsleute bezeugen den Orakelspruch über Sokrates, den der Freund Chairephon in Delphi eingeholt habe (Platon, 21a; Xenophon, § 14). Vor allem aber bekunden beide Schriften übereinstimmend, daß Sokrates viel Selbstsicherheit und keinerlei Bereitschaft gezeigt habe, die Richter für sich einzunehmen. Xenophon stellt seine Schrift geradezu unter das Motto der μεγαληγορία, der ›Großsprecherei‹, die von allen konstatiert worden sei, die bislang über Sokrates geschrieben hätten (§ 1). Auch in der Rechtfertigung dieser stolzen, kompromißlosen Haltung stimmen die beiden Schriften weithin überein: die großsprecherische Art, fährt Xenophon in seinen einleitenden Betrachtungen fort, sei durch die Todesverachtung, ja Todesbereitschaft des Sokrates bedingt gewesen sowie durch das Bewußtsein einer untadeligen Lebensführung – er geht darin noch etwas über Platon hinaus, daß er seinen Sokrates den Tod durch Hinrichtung als Abhilfe gegen die Gebrechen des Alters würdigen läßt (§§ 1–9).

Sokrates in der Apologie Platons

Die Platonische Apologie ist trotz ihrer Neigung zum Idealisieren einem lebhaften Interesse an etwas unverwechselbar Einmaligem, an der Individualität des Mannes entsprungen, der zum ersten Male ein den Geboten individueller Sittlichkeit unterworfenes Leben zu führen versucht hatte, und so gehört sie zu den Wegbereitern einer literarischen Gattung, die im 4. Jahrhundert eine erste Blüte erlebt hat: der Biographie. Platon steht gewiß noch vor der Schwelle der Darstellung eines als Einheit aufgefaßten Menschenlebens; er bringt ein auf wenige Züge reduziertes, die Wirklichkeit stark überhöhendes Porträt. Immerhin ist manches Biographische in die kleine Verteidigungsschrift eingegangen, so daß man skizzenhafte Umrisse von der Persönlichkeit des Sokrates wahrzunehmen glaubt: man erfährt einiges weniges von seiner Rolle als Familienvater und schon etwas mehr von seinem Verhalten als Bürger Athens; man gewinnt Einblick in die Ausstrahlungen seines Wirkens, bei Freunden und Schülern sowohl wie beim großen Haufen; man bekommt eine gewisse Vorstellung davon, worin er seine Mission gesehen hat und worauf er mit seinem Prüfen und Fragen hinaus wollte.

»Auch ich [. . .] habe so etwas wie Angehörige. Denn auch auf mich trifft das Homerwort zu, ich stamme ›nicht von Eichen noch von Felsen‹ ab, sondern von Menschen.« Mit diesen Worten spielt der Platonische Sokrates am Schluß des eigentlichen Verteidigungsplädoyers auf seine Familie an (34d): da er sich anschickt zu begründen, weshalb er nicht, wie üblich, durch einen Auftritt seiner Kinder an das Mitleid der Richter zu appellieren suche. Der biographische Hinweis auf die drei Söhne, von denen der eine eben erwachsen und die beiden anderen noch klein sind, hat somit keinerlei Selbstzweck, sondern eine Funktion im idealen Porträt des Sokrates; er findet sich genau dort, wo diese Söhne nach den damaligen Gepflogenheiten den Ausgang des Prozesses hätten beeinflussen sollen; er demonstriert die harte Sachlichkeit und unbeugsame Prinzipientreue des Angeklagten. Der heutige Leser mag sich wundern, daß der Siebzigjährige noch so kleine Kinder hatte, und fragen, warum Sokrates so spät und dann überhaupt noch geheiratet habe: Platon hat es sich sowohl in der Apologie als auch sonst versagt, des näheren hierauf einzugehen, und auch Xanthippe, die junge Frau des

Sokrates, wird von ihm nur ein einziges Mal einer Erwähnung für wert befunden (*Phaidon* 60a).

Der Platonische Sokrates sagt nichts über seinen bürgerlichen Beruf; er sagt lediglich, und zwar zu wiederholten Malen, daß er sein Hauswesen seit langem verkommen lasse, daß er in tiefster Armut lebe – er sagt es mit brüskierender Offenheit, die nichts auf die Umstände und alles auf die eigene Entscheidung schiebt (23b; 31b; 38b). Auch dieser Zug gehört zum Bild des rigoros seine Mission erfüllenden Philosophen: Sokrates geht auf im Dienste für den Gott und für die Mitbürger; er lehnt indes – in schroffem Gegensatz zu den Sophisten – jegliche Bezahlung für seine Ratschläge ab (19d; 31b) und handelt so seiner Maxime gemäß, daß es nicht auf Geld und Ansehen ankomme, sondern darauf, daß die eigene Seele möglichst gut sei (29e–30b; 36c).

Von Sokrates, dem Bürger Athens, ist zweimal in der auf die Widerlegung der Anklagepunkte folgenden Partie die Rede, die das Sokratische Philosophieren und Prüfen als göttlichen Auftrag zu erweisen sucht. Eher beiläufig wird dreier Feldzüge während des Peloponnesischen Krieges gedacht, in denen Sokrates sich bewährt hatte: vor Potidaia, bei Amphipolis und bei Delion (28e). Die Erwähnung soll in einer Argumentatio a fortiori dartun, daß Sokrates, wenn er schon damals dort ausgeharrt habe, wohin seine Vorgesetzten ihn gestellt hätten, nunmehr, bei der Ausführung des göttlichen Auftrags, desto mehr zu unbedingtem Gehorsam verpflichtet sei. Dient dieser Hinweis dazu, dem Leser die Beharrlichkeit, das konsequente Verhalten des Sokrates vor Augen zu stellen – daß mehr geschah, daß Sokrates vor Potidaia dem verwundeten Alkibiades das Leben rettete, erfährt man nicht hier, sondern im *Symposion*, aus dem Munde des Geretteten (220d–e) –, so haben zwei ausführlich berichtete Ereignisse darüber hinaus den Zweck, die Exponiertheit des stets seinen Prinzipien gemäß handelnden Philosophen zu veranschaulichen: sie sollen begründen, warum sich Sokrates regelmäßiger politischer Betätigung enthalten mußte (32a–e). Der erste

Vorfall war ein Exzeß der Demokratie, dem Sokrates entge-
genzutreten suchte: die athenischen Feldherren hatten nach
einem glänzenden Seesiege bei den Arginusen (in der Nähe
von Lesbos, 406 v. Chr.) wegen eines Sturmes die Schiffbrüchigen nicht mehr retten können; die Volksversammlung verurteilte sie zum Tode, wobei Sokrates als einziger der schon
wegen eines Formfehlers rechtswidrigen Entscheidung
widersprach – ein Faktum, das auch durch die *Hellenische
Geschichte* Xenophons bestätigt wird (1,7,15). Der zweite
Vorfall spielte sich unter der extremen Oligarchie der sogenannten Dreißig ab: Sokrates entzog sich der Mitwirkung bei
der Verhaftung eines Bürgers, die ihm von den Machthabern
befohlen worden war.

Die Apologie widmet sich an mehreren Stellen verschiedenen
Ausschnitten aus dem sozialen Umfeld des Sokrates. Kurz
vor dem Epilog des Verteidigungsplädoyers werden etliche
Schüler und deren Angehörige genannt: sie sollen bezeugen,
daß Sokrates kein Jugendverderber sei (33d–34a). Die Reihe
der Namen, die in der Exposition des *Phaidon* ein Analogon
hat (59a–c), beginnt mit dem getreuen Freunde Kriton, der
Titelfigur eines Dialoges, dessen Sohn Kritobulos zu den
Anhängern des Sokrates zählte; sie führt über Aischines von
Sphettos, einen nachmaligen Verfasser von Sokrates-Gesprä-
chen, und einige weniger bekannte Personen zu Platon, dem
Autor der Apologie, und Apollodoros, dem aus dem *Phaidon*
und dem *Symposion* des näheren bekannten leidenschaftli-
chen Sokrates-Verehrer. Der Schluß des Gegenantrags, wo es
um die Bürgschaft für die angebotene Geldbuße geht, stellt
dem Leser noch einmal den Kreis der engsten Vertrauten vor
Augen: Platon, Kriton und Kritobulos sowie Apollodoros
(38b).

Zum Ambiente des philosophierenden Sokrates gehören –
wie vor allem aus den Dialogen *Protagoras* und *Gorgias*
ersichtlich – nicht minder die verwandten und zugleich
grundverschiedenen Sophisten: die Apologie gedenkt ihrer in
dem einleitenden Abschnitt, der den üblen Leumund des

Sokrates als unbegründet zu erweisen sucht (19d–20c). Einige berühmte Wanderlehrer passieren Revue: der Rhetor Gorgias sowie Prodikos und Hippias; Sokrates distanziert sich von ihnen mit verhaltener Ironie – er erhebe nicht wie sie den Anspruch, Pädagoge zu sein, und lasse sich auch nicht dafür bezahlen. Dann folgt die für sich stehende Partie über den reichen Kallias und den Erzieher von dessen Söhnen, einen gewissen Euenos aus Paros. Sokrates läßt sich in dem von ihm referierten Gespräch mit Kallias bestätigen, daß Euenos wirklich ein Fachmann für die Aufzucht von Menschen sei, woraufhin er sich zu einem schon nicht mehr verhalten ironischen Lobe der Fähigkeiten dieses Glücklichen versteht. Der hier die Sophistik exemplifizierende Euenos wird fernerhin sowohl im *Phaidon* erwähnt (60d–61c) als auch im *Phaidros* (267a): hier als Dichter und ›Philosoph‹, dort als tüftelnder Theoretiker der Redekunst – die Partie des *Phaidon* wirkt hintergründig und scheint Anspielungen zu enthalten, die nur dem gut unterrichteten zeitgenössischen Leser verständlich waren. Die Abgrenzung von der Sophistik, wie sie von Sokrates in der Apologie vollzogen wird, hat ihre Entsprechung in der schon erwähnten Abgrenzung von der Naturphilosophie: Sokrates prangert die Aristophanischen *Wolken* an, die nichts als Unsinn über ihn verbreitet hätten (19b–c), und verwahrt sich an späterer Stelle dagegen, daß Meletos ihn zum Anhänger der physikalischen Theorien des Anaxagoras abzustempeln sucht (26d–e).

Die Platonische Apologie zeigt in allen Brechungen und Ausstrahlungen, in allen Beziehungen und Betätigungen stets denselben: den Frager und Prüfer, der sein und seiner Mitbürger Leben an begründetem Wissen von Rechten zu orientieren suchte. Der Bericht, den Sokrates von seinen Bemühungen gibt, jemanden zu finden, der weiser sei als er, sowie, in der Widerlegung der Anklage, die Dispute mit Meletos: diese Partien führen vor allem die formale Seite des Sokratischen Philosophierens vor. Sokrates teilte ja wohl die Überzeugung der Sophisten, daß die bloße Hinnahme der Tradi-

tion nicht mehr genüge; er unterschied sich indes dadurch
von ihnen, daß er die Krise der Werte nicht für unabänderlich
und unüberwindbar hielt: er forschte nach einem neuen sittlichen Fundament, nach neuen, objektiv gültigen und mit
Hilfe des Verstandes nachprüfbaren Normen, und dorthin
glaubte er im erörternden Gespräch, im Wechsel von Frage
und Antwort vordringen zu können. Die Suche nach dem
Weisesten und die Dispute mit Meletos geben zu verstehen,
daß Sokrates bei seinen Mitbürgern immer nur auf eingebil-
detes Wissen, auf Meinungen und Vorurteile stieß, die von
Widersprüchen nicht frei waren und sich nicht an unverrück-
baren Kriterien als zutreffend erweisen ließen. Der auf die
Widerlegung der Anklage folgende Abschnitt über die Mission des Sokrates fügt zur Form den Inhalt: hier erscheint der
angebliche Nicht-Wisser, der kritische Frager und ironische
Skeptiker auf einmal als jemand, der sehr genau weiß, worauf
es ankommt, der sich bei seiner Sorge für die Seele von einer
festen, nicht nur Geld und Ansehen, sondern auch den Tod
relativierenden Hierarchie der Werte leiten läßt.

Der Dialog »Kriton«

Der kleine Dialog *Kriton* spielt in der Gefängniszelle, vor
Sonnenaufgang, zwei Tage vor der Hinrichtung des Sokrates;
der gleichaltrige Freund, der den Titel gab, sucht Sokrates
jetzt, im letzten Augenblick, da es möglich ist, zur Flucht ins
Ausland zu überreden – Sokrates lehnt ab. Platon hat in *eine*
Szene zusammengedrängt, was sich in Wirklichkeit über
Wochen, über die ganze Zeit von der Gerichtsverhandlung
bis zur Vollstreckung des Todesurteils, hingezogen haben
mag: die Bemühungen der Freunde, Sokrates in Sicherheit zu
bringen, das Scheitern dieser Bemühungen an dessen hartnäckiger Weigerung. Daß die Freunde nicht untätig waren,
daß sie versucht haben, Sokrates aus den Fängen der attischen

Justiz zu befreien, während dieser selbst den ungerechten Tod einer rechtswidrigen Rettung vorzog, ist ein mehrfach bezeugter und durchaus glaubwürdiger Bestandteil der Sokrates-Überlieferung: der Platonische *Phaidon* spielt darauf an (98e–99a); Xenophon (*Apologie* 23), Plutarch (*Gegen Kolotes* 32) und Diogenes Laertius (3,36) erwähnen – mit Unterschieden in den Details – das Faktum.

Unter den vier – von antiken Philologen zur ersten ›Tetralogie‹ verbundenen – Schriften, die auf den Prozeß und den Tod des Sokrates eingehen (*Euthyphron*, *Apologie*, *Kriton*, *Phaidon*), gehören die *Apologie* und der *Kriton* besonders eng zusammen: sie, und nur sie, führen nicht so sehr den philosophierenden wie den handelnden Sokrates vor; in ihnen, und nur in ihnen, werden die Maximen richtigen Handelns nicht erst festgestellt, sondern als bereits feststehende angewandt, und nur in ihnen geht es um nichts anderes als um die Bewährung und Beglaubigung des für recht Erkannten durch die Tat. In der *Apologie* rechtfertigt Sokrates sein Philosophieren durch den göttlichen Auftrag, von dem er sich durch Menschen nicht abbringen lassen dürfe, auch nicht um den Preis des Lebens. Im *Kriton* zieht er aus dieser kompromißlosen Art der Verteidigung ebenso kompromißlose Konsequenzen: wer es wagt, seinen Richtern mit solcher Schroffheit zu begegnen, für den kommt die Flucht vor der von vornherein einkalkulierten Folge nicht in Betracht. Die beiden Schriften stellen zwei Akte eines in sich zusammenhängenden, gradlinig fortschreitenden Geschehens dar: Sokrates hätte, wenn er dem Rat seiner Freunde gefolgt wäre, sein ›Lebenswerk‹ aufs Spiel gesetzt; er konnte, nachdem man ihn wegen seines Philosophierens vor Gericht gestellt, für schuldig befunden und verurteilt hatte, gar nicht umhin, seinen Mitbürgern durch den Tod zu beweisen, wie ernst es ihm mit seiner Sache gewesen war. Der *Kriton* ist vor allem dadurch eine Fortsetzung der *Apologie*, daß er die Freiwilligkeit auch des letzten Schrittes, der Hinrichtung, demonstriert: auf die selbstgewählte Verteidigungsposition folgt die Hinnahme eines Todes, der vermeidbar gewesen wäre; Sokrates erscheint bis zuletzt als Handelnder, autonom sich Entscheidender, und gerade die Tatsache, daß er sich bis zuletzt den Konsequenzen seines Tuns hätte entziehen können, verleiht seinem Tode die das Leben beglaubigende Kraft.

Das Gespräch Kritons mit Sokrates ist souverän komponiert. Platon stellt dem Leser zwei Figuren vor Augen, die ihrer Rolle sehr sicher sind. Kriton hat seine rednerische Attacke offensichtlich gründlich vorbereitet, und die überlegene Reaktion des Sokrates scheint einem exakten, von Anfang an in allen Einzelheiten feststehenden Plane zu folgen. Das Vorgespräch (Kap. 1–2) skizziert mit knappen, festen Strichen die Situation. Ein erregter, bekümmerter Kriton und ein zunächst noch schlafender, dann ruhig-gefaßter Sokrates geben einen scharfen Kontrast: Kriton bringt die Nachricht, daß sich der kultisch bedingte Aufschub der Exekution nunmehr dem Ende nähert.

Kritons Drängen zur Flucht, eine Art Beratungsrede (Kap. 3 bis 5), beruft sich auf Gesichtspunkte, wie sie die Rhetorik unter den Rubriken des Möglichen, des Nützlichen und des Ehrenhaften zu empfehlen pflegt. An erster Stelle spricht Kriton von sich selbst und von den übrigen Freunden: sie müssen vor der öffentlichen Meinung, der »Meinung der Menge«, ins Zwielicht geraten; man wird allgemein annehmen, daß Sokrates deshalb habe sterben müssen, weil die Freunde die für die Flucht erforderlichen Geldmittel nicht hätten aufwenden wollen. Diese Geldmittel aber seien reichlich vorhanden: sowohl um Sokrates aus dem Gefängnis zu befreien als auch um den Denunzianten, die den Freunden hernach Schwierigkeiten bereiten könnten, den Mund zu stopfen. Kriton befaßt sich sodann mit Sokrates: das Ziel seiner Flucht sei kein Problem, da man ihn vielerorts gastlich aufnehmen werde; vor allem aber begehe er, wenn er sich der Exekution nicht entziehe, ein Unrecht, einen Verrat an sich selber und an seinen Kindern – Kriton müsse sich für die Freunde und auch für Sokrates selber schämen, da nur Feigheit die Ursache zu sein scheine, daß es überhaupt so weit habe kommen können.

»Ich halte es nicht erst jetzt, sondern schon immer so, daß ich nichts anderem in mir folge als dem Gedanken, der sich mir beim Nachdenken als der beste erweist«: mit diesem Wort, das auf dem Schaft des Sokratesbildnisses im Nationalmuseum zu Neapel eingehauen ist, eröffnet Sokrates seine Entgegnung. Er beruft sich auf die Identität seines Denkens und der für sein Handeln maßgeblichen Kriterien als letzter, unableitbarer Instanz; diese Kriterien bleiben sich gleich und sind von äußeren Umständen gänzlich unabhängig, auch von der jetzt drohenden Hinrichtung. Nur der eigene Gedanke, die eigene Vernunft kann maßgeblich sein: Sokrates nimmt sich folgerichtig von den Argumenten Kritons zunächst dasjenige vor, welches eine andere, entgegengesetzte Instanz für die hier und jetzt zu treffende Entscheidung genannt hatte: die Meinung der Menge, die den Vollzug der Todesstrafe vor allem den Freunden zur Last legen werde (Kap. 6–8). Sokrates erklärt ausdrücklich, daß er auf oft Erörtertes zurückgreife: daß nicht jegliche Meinung Beachtung verdiene, sondern lediglich die des jeweiligen Sachverständigen; wie jemand, der richtig Sport treiben und richtig essen und trinken wolle, nicht auf die Menge, sondern nur auf den Fachmann, auf den Sportlehrer oder Arzt hören dürfe, so sei auch für ethische Fragen, für die Problematik von Gerecht und Ungerecht, einzig und allein der zuständig, der etwas davon verstehe – er, der Eine, und die Wahrheit selber.

So hat sich ergeben, daß die Beurteilungskriterien nach wie vor dieselben sind: nicht auf die Menge kommt es an, sondern auf den eigenen Gedanken, auf die Wahrheit selber; und zugleich hat sich gezeigt, daß die Frage der Flucht eine ethische Frage ist, daß Sokrates nur dann fliehen darf, wenn er hiermit kein Unrecht tut. Diesem Problem, dem Kernproblem, gilt die zweite Hälfte des Dialogs (Kap. 9–16); hierüber will Sokrates mit Kriton in eine gemeinsame Beratung eintreten. Das Gespräch verweilt zunächst noch im Allgemeinen, wobei, wie es heißt, abermals auf schon oft Erörtertes, unter den Beteiligten seit langem Feststehendes zurückgegriffen wird: man darf, so lautet die von Sokrates in Erinnerung gebrachte Maxime, nie Unrecht tun, auch nicht, um Unrecht, das man erlitten hat, zu vergelten.

Sokrates schickt sich nunmehr an, die Maxime auf den vorliegenden Fall anzuwenden: geschieht jemandem Unrecht, wenn er wider den Willen der Athener aus der Stadt entweicht? Da Kriton bekennt, die Frage nicht zu verstehen, läßt Sokrates nunmehr die Gesetze und das Gemeinwesen Athens als die Instanzen auftreten, an denen er sich durch seine Flucht verginge; Kritons Rolle beschränkt sich von hier an auf einige wenige Floskeln, und der eigentliche Dialog spielt sich jetzt zwischen Sokrates und den Gesetzen ab, d. h. er wird zum Monolog. Die Gesetze eröffnen ihre Darlegungen sofort mit der These, Sokrates mache, soviel in seinen Kräften stehe, die Rechts- und Staatsordnung Athens zunichte, wenn er sich der Vollstreckung des Urteils, das gegen ihn ergangen sei, entziehe. Alles weitere dient der Begründung: die Rechtsordnung habe ermöglicht, daß Sokrates als Athener zur Welt kam und heranwuchs, also zu dem wurde, der er war, woran er nichts auszusetzen finde; außerdem stehe er mit den Gesetzen und dem Vaterlande nicht auf gleichem Fuße, so wenig wie mit dem Vater, so daß es ihm nicht erlaubt sei, diesen Instanzen gegenüber Gleiches mit Gleichem zu vergelten. Schließlich sei er bis zum Beginn des Prozesses berechtigt gewesen, Athen zu verlassen, wenn ihm die dort herrschenden Zustände nicht gefielen; wer sich indes mit der Rechtsprechung und der übrigen Verwaltung Athens vertraut gemacht habe, der bekunde, wenn er nicht fortziehe, eben hierdurch sein Einverständnis mit den gegebenen Verhältnissen – nunmehr bestehe eine Übereinkunft, wonach er zu befolgen verpflichtet sei, was das Gemeinwesen ihm befehle. Sokrates aber scheine sich auf diese Übereinkunft mehr als andere eingelassen zu haben: er hat sich nie außerhalb der Stadt aufgehalten, außer zu Feldzügen, und er trug nie (wie es

in deutlicher Anspielung auf den Anfang der *Odyssee* heißt,
wo von dem mythischen Helden das Gegenteil verlautet) das
Verlangen, eine andere Stadt und andere Gesetze kennenzulernen.

Hiermit ist das Wesentliche gesagt: Sokrates bräche, wenn er
jetzt, nach seiner Verurteilung, aus Athen entweiche, die
Übereinkunft, die er mit dem Gemeinwesen und dessen Gesetzen geschlossen hat, und beginge hiermit ein Unrecht. Die
Gesetze tun jedoch nunmehr ein übriges: sie äußern sich noch
zu all jenen Utilitätsargumenten Kritons, die bislang unwi-
derlegt geblieben waren. Sokrates könne seine Freunde durch
seine Flucht in größte Schwierigkeiten bringen; er selber
werde in der Fremde nichts mit sich anzufangen wissen (eine
Fortsetzung des Philosophierens über Gerechtigkeit und der-
gleichen komme ja nicht in Betracht), und seine Kinder
bedürften seiner nicht, da ja die Freunde für sie sorgen würden. Der *Kriton* schließt – wie die *Apologie* – mit einem Hinweis auf die Führung Gottes.

Der *Kriton* enthält wenig Atmosphärisches, und die Sokra-
tes-Figur zeigt ungewöhnlich herbe, strenge Züge – für
Charme und Ironie ist angesichts der Schwere der Entscheidung keinerlei Raum. Die besondere Situation erklärt auch
ein weiteres besonderes Merkmal: der *Kriton* führt trotz der
Dialogform kaum Dialektik im Platonischen Sinne vor; ihm
fehlt das untersuchende Gespräch, dessen Ausgang offen
zu sein scheint. Vielmehr bekennt sich Sokrates hier noch
unbedingter als in der *Apologie* zu einem festen Glauben
an absolute sittliche Werte – es geht eben, wie schon an-
gedeutet, nicht mehr um die Frage, wie die Maximen sitt-
lich verantworteten Handelns beschaffen sein müssen, sondern nur noch darum, was sich aus den längst für recht
erkannten Maximen für das konkrete Handeln des Sokrates
ergibt.

Das monologische und dogmatische Gepräge des *Kriton* ist
indes lediglich eine Erscheinung der Oberfläche; es ist durch
die besondere Zeitstruktur gerade dieses Dialoges bedingt.

Sokrates blickt rekapitulierend zurück auf seine gesamte Philosophie und seine gesamte Existenz als Bürger von Athen: beides ist im wesentlichen abgeschlossen, und aus beidem wird nunmehr die Summe gezogen für die letzte noch ausstehende Entscheidung, die sowohl dem Philosophen als auch dem Bürger obliegt. Der Rückblick auf die Vergangenheit bedingt Raffung und Konzentration, und hierdurch erhält die Argumentation einen ungewöhnlich apodiktischen Charakter.

Sokrates gibt indes auch im *Kriton* deutlich zu erkennen, daß sein Philosophieren auf dem Gespräch, auf gemeinsamer Bemühung, auf wechselseitigem Sich-Vergewissern beruht, ja, er führt dieses Mal explizit vor, daß es mit seinem Philosophieren und seiner staatsbürgerlichen Existenz eine analoge Bewandtnis hat, daß beide in der Gemeinschaft wurzeln. Die Verklammerung der beiden Dimensionen läßt sich insbesondere an dem hier wie dort begegnenden Schlüsselwort ὁμολογεῖν, ὁμολογία (übereinstimmen/zustimmen, übereinkommen; Übereinstimmung, Übereinkunft) ablesen. Der Begriff ist einerseits Terminus technicus des sokratischen Gesprächs; er deutet an, daß sich Sokrates auch jetzt noch, in der drängenden Not, darum bemüht, jeden Schritt im Einverständnis mit dem Freunde zu vollziehen. Er begegnet zum ersten Male, da sich die Untersuchung der entscheidenden Frage zuwendet, ob das Entweichen aus dem Gefängnis nicht Unrecht sei (Kap. 9); dann greift Sokrates auf »frühere Übereinstimmungen« zurück, oder er warnt den Freund, nicht obenhin und gegen seine wahre Überzeugung »zuzustimmen« (Kap. 10) usw. Der Ausdruck dient weiterhin zur Bezeichnung des Bandes, das den Bürger mit dem Staatsganzen und dessen Gesetzen verknüpft; aus der auf freier Entscheidung beruhenden »Übereinstimmung« resultiert hier eine rechtlich bindende »Übereinkunft« (Kap. 12–14). Die Zustimmung zu den sachbedingten Notwendigkeiten des Gesprächs und die Zustimmung zu für recht erkannten Gesetzen begründen dieselbe Pflicht zur Treue, zum Festhalten an der sei es mit den

Freunden, sei es mit dem Staatsganzen getroffenen »Übereinkunft«.

Man kann, um die Haltung, die Sokrates im *Kriton* an den
Tag legt, plausibel zu machen, auf ein Gespräch der Xenophontischen *Memorabilien* verweisen, worin Sokrates das
Gerechte mit dem Gesetzlichen gleichstellt und behauptet,
die Stadt sei die glücklichste, in der die Bürger am willigsten
den Gesetzen gehorchen (4,4). Man kann weiterhin zeigen,
wie sehr der Patriotismus des Sokrates griechischer Tradition
verpflichtet ist, und auf Parallelen zu einzelnen Gedanken des
Kriton verweisen, wie sie sich z. B. in Solons *Eunomie* (Frag-
ment 3, Diehl) oder in den *Sieben gegen Theben* des Aischylos (V. 10 ff.) finden. Gleichwohl wird man der Intention der
Schrift nicht gerecht, wenn man sie – wie es mitunter geschehen ist – als Plädoyer für die Gesetzestreue bestimmen zu
können glaubt oder wenn man gar behauptet, sie laufe auf
eine schrankenlose Anerkennung formalen Rechts, auf eine
Kapitulation vor dem positiven Gesetz hinaus. Der historische Sokrates war offensichtlich weit entfernt von rigorosem
Gesetzeskult: es ist glaubwürdig – nicht zuletzt durch die
Platonische *Apologie* (Kap. 20) – bezeugt, daß er mehrfach im
Namen der Gerechtigkeit Widerstand gegen staatliches
Unrecht geübt hat; demgemäß kann auch der *Kriton* nicht
einem bedingungslosen Gesetzesgehorsam das Wort reden
wollen.

Die Gesetze sind für Sokrates, wie er bei ihrer ersten Erwähnung erläuternd hinzufügt, »das Gemeinsame dieser Stadt«
(Kap. 11), d. h. die gesamte staatlich-politische Tradition
Athens, das Ganze dessen, was das Zusammenleben der
Athener – auch seine eigene gemeinschaftsbezogene Tätigkeit
des Fragens und Suchens – bedingte und prägte. Er hätte
gewiß, auch nach seiner eigenen Überzeugung, wenn ihm die
Stadt in irgendeiner anderen Angelegenheit ein Unrecht hätte
zufügen wollen, versuchen können, durch Kompromißbe-
reitschaft das Äußerste zu vermeiden. Nun hatte aber in dem
Prozeß gegen ihn nicht irgend etwas, sondern seine gesamte

philosophische Existenz zur Debatte gestanden: die Mission, die ihm, wie er beteuerte, von Gott übertragen war und der er trotz schärfster Ablehnung von seiten der Menschen treu bleiben zu müssen glaubte. Er, ein ›Überzeugungstäter‹ par excellence, hatte noch im Prozeß jedwede goldene Brücke, insbesondere einen Strafantrag auf Verbannung, weit von sich gewiesen; er hätte sich, wie er selbst sagt (Kap. 14), vor seiner Umwelt zutiefst unglaubwürdig gemacht, wenn er der Versuchung erlegen wäre, sich der Vollstreckung des Urteils durch die Flucht zu entziehen. Doch nicht nur die Folgerichtigkeit des eigenen Handelns forderte gerade in diesem Falle den Verzicht auf jegliche Form illegalen Verhaltens. Für Sokrates stand, wie er ebenfalls selbst sagt (Kap. 15), nicht weniger als der Sinn seiner ganzen Existenz auf dem Spiel. Sein durch den göttlichen Auftrag legitimiertes Philosophieren war an Athen gebunden. Hier aber hatte sich Widerstand gegen ihn erhoben; nur hier konnte er daraufhin durch die Tat beweisen, wie ernst es ihm mit seinen Worten gewesen war. Eine Fortsetzung des Philosophierens außerhalb von Athen kam demgegenüber nicht in Betracht; ein solches Beginnen hätte sich nach dem Ausweichen vor dem Ernstfall selbst ad absurdum geführt.